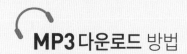

MP3 다운로드 방법

컴퓨터에서 ▶

- 네이버 블로그 주소란에 **www.lancom.co.kr** 입력 또는
  네이버 블로그 검색창에 **랭컴**을 입력하신 후 다운로드

- **www.webhard.co.kr**에서 직접 다운로드
  아이디 : lancombook
  패스워드 : lancombook

스마트폰에서 ▶

콜롬북스 앱을 통해서 본문 전체가 녹음된
MP3 파일을 **무료**로 **다운로드**할 수 있습니다.

- 구글플레이 · 앱스토어에서 **콜롬북스 앱** 다운로드 및 설치
- 이메일로 회원 가입 → **도서명** 또는 랭컴 검색 → **MP3 다운로드**

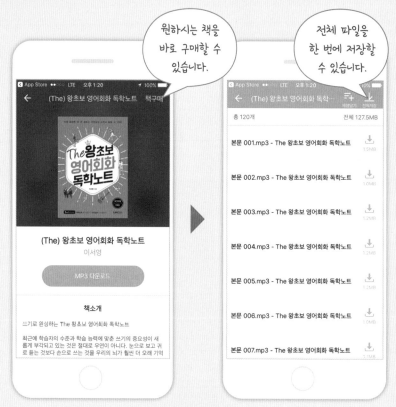

MP3
사용법

▶ mp3 다운로드

www.lancom.co.kr에 접속하여 **mp3**파일을 무료로 다운로드합니다.

▶ 우리말과 원어민의 1 : 1 녹음

책 없이도 공부할 수 있도록 원어민 남녀가 자연스런 속도로 번갈아가며 영어 문장을 녹음하였습니다. 우리말 한 문장마다 원어민 남녀 성우가 각각 1번씩 읽어주기 때문에 보다 더 정확한 발음을 익힐 수 있습니다.

▶ mp3 반복 청취

교재를 공부한 후에 녹음을 반복해서 청취하셔도 좋고, 원어민의 녹음을 먼저 듣고 잘 이해할 수 없는 부분은 교재로 확인해보는 방법으로 공부하셔도 좋습니다. 어떤 방법이든 자신에게 잘 맞는다고 생각되는 방법으로 꼼꼼하게 공부하십시오. 보다 자신 있게 영어를 할 수 있게 될 것입니다.

▶ 정확한 발음 익히기

발음을 공부할 때는 반드시 함께 제공되는 mp3 파일을 이용하시기 바랍니다. 언어를 배울 때 듣는 것이 중요하다는 것은 두말할 필요가 없습니다. 오랫동안 자주 반복해서 듣는 연습을 하다보면 어느 순간 갑자기 말문이 열리게 되는 것을 경험할 수 있을 것입니다. 의사소통을 잘 하기 위해서는 말을 잘하는 것도 중요하지만 상대가 말하는 것을 정확하게 듣는 것이 더 중요하다고 합니다. 활용도가 높은 기본적인 표현을 가능한 한 많이 암기할 것과, 동시에 원어민이 읽어주는 문장을 지속적으로 꾸준히 듣는 연습을 병행하시기를 권해드립니다. 듣는 연습을 할 때는 실제로 소리를 내어 따라서 말해보는 것이 더욱 효과적입니다.

다시 시작하는 **독학 영어회화**

다시 시작하는 **독학 영어회화**

2020년 2월 01일 초판 1쇄 인쇄
2020년 2월 05일 초판 1쇄 발행

지은이 이서영
발행인 손건
편집기획 김상배, 장수경
마케팅 이언영
디자인 이성세
제작 최승용
인쇄 선경프린테크

발행처 **LanCom** 랭컴
주소 서울시 금천구 시흥대로193, 709호
등록번호 제 312-2006-00060호
전화 02) 2636-0895
팩스 02) 2636-0896
홈페이지 www.lancom.co.kr

ⓒ 랭컴 2019
ISBN 979-11-89204-57-0 13740

다시 시작하는
독학 영어 회화

이서영 지음

LanCom
Language & Communication

들어가며

영어가 중요하지 않았던 적이 이제껏 한 번이라도 있었을까마는 최근에는 인터넷상에서 정보나 지식을 공유하기 위한 의사소통의 수단으로서 영어의 중요성이 더욱 부각되고 있습니다. 이제까지 회화라고 하면 그저 많이 듣고 많이 따라 말하면 되는 줄 알았지만 이제 시간만 낭비하는 헛된 노력은 그만!

읽기 듣기 말하기 쓰기 4단계 영어 공부법은 가장 효과적이라고 알려진 비법 중의 비법입니다. 아무리 해도 늘지 않던 영어 공부, 이제 <u>읽듣말쓰 4단계</u>공부법으로 팔 걷어붙이고 달려들어 봅시다!

이 책은 영어에 관심은 있지만 영어가 어렵다고 느껴지거나, 회화에 자신이 없어 외국인과의 대화를 망설이시는 분, 영어회화를 처음 시작하는 분들을 위한 발음과 회화를 접목시킨 기초영어회화 교재입니다.

읽기

왕초보라도 문제없이 읽을 수 있도록 원어민 발음과 최대한 비슷하게 우리말로 발음을 달아 놓았습니다. 우리말 해석과 영어 표현을 눈으로 확인하며 읽어보세요.

- 같은 상황에서 쓸 수 있는 6개의 표현을 확인한다.
- 우리말 해석을 보면서 영어표현을 소리내어 읽는다.

듣기

책 없이도 공부할 수 있도록 우리말 해석과 영어 문장이 함께 녹음되어 있습니다. 출퇴근 길, 이동하는 도중, 기다리는 시간 등, 아까운 자투리 시간을 100% 활용해 보세요. 듣기만 해도 공부가 됩니다.

- 우리말 해석과 원어민 발음을 서로 연관시키면서 듣는다.
- 원어민 발음이 들릴 때까지 반복해서 듣는다.

쓰기

영어 공부의 완성은 쓰기! 손으로 쓰면 우리의 두뇌가 훨씬 더 확실하게, 오래 기억한다고 합니다. 별도의 쓰기노트를 준비하여 적어도 3번 정도 또박또박 쓰면서 공부하다 보면 생각보다 영어 문장이 쉽게 외워진다는 사실에 깜짝 놀라실 거예요.

- 먼저 기본 문장을 천천히 읽으면서 따라쓴다.
- 원어민의 발음을 들으면서 써본다.
- 표현을 최대한 머릿속에 떠올리면서 쓴다.

말하기

듣기만 해서는 절대로 입이 열리지 않습니다. 원어민 발음을 따라 말해보세요. 계속 듣고 말하다 보면 저절로 발음이 자연스러워집니다.

- 원어민 발음을 들으면서 최대한 비슷하게 따라 읽는다.
- 우리말 해석을 듣고 mp3를 멈춘 다음, 영어 문장을 떠올려 본다.
- 다시 녹음을 들으면서 맞는지 확인한다.

대화 연습

문장을 아는 것만으로는 충분하지 않습니다. 내화를 통해 문장의 쓰임새와 뉘앙스를 아는 것이 무엇보다 중요하기 때문에 6개의 표현마다 Mini Talk를 하나씩 두었으며, Check Point!를 통해 회화의 감각을 익히도록 하세요.

- 대화문을 읽고 내용을 확인한다.
- 대화문 녹음을 듣는다.
- 들릴 때까지 반복해서 듣는다.

PART **01**

**인사
감정
의사 표현**

02 PART

화제
취미
여가 표현

PART 03

일상
생활
여행 표현

PART

전화
사교
긴급 표현

>> 알파벳 문자 <<

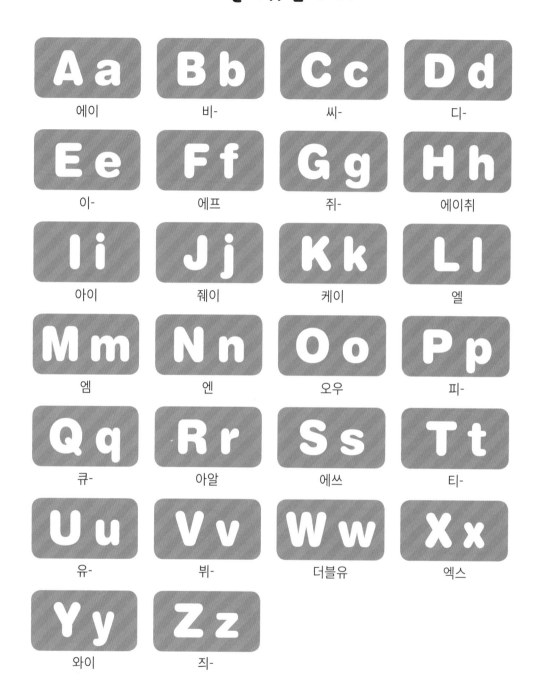

Aa 에이	Bb 비-	Cc 씨-	Dd 디-
Ee 이-	Ff 에프	Gg 쥐-	Hh 에이취
Ii 아이	Jj 쥐이	Kk 케이	Ll 엘
Mm 엠	Nn 엔	Oo 오우	Pp 피-
Qq 큐-	Rr 아알	Ss 에쓰	Tt 티-
Uu 유-	Vv 뷔-	Ww 더블유	Xx 엑스
Yy 와이	Zz 쥐-		

알파벳의 대문자와 소문자

위의 알파벳 문자표 왼쪽에 있는 A B C D E F G H I J K L M N O P Q R S T U V W X Y Z를 대문자라 하고,
오른쪽에 있는 a b c d e f g h i j k l m n o p q r s t u v w x y z를 소문자라고 합니다.
원래는 대문자밖에 없었으나 쓰기 불편하고 문장의 구분을 위해서 소문자가 생겨났다고 합니다.

>> 알파벳 소리 <<

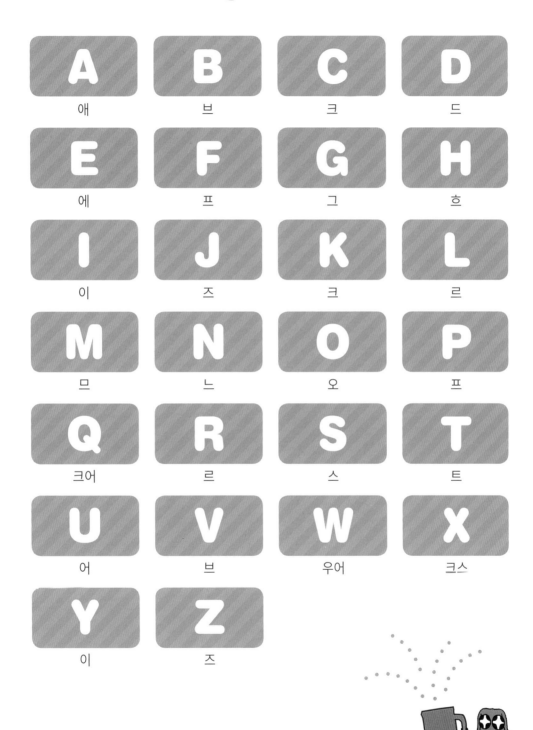

A	B	C	D
애	브	크	드

E	F	G	H
에	프	그	흐

I	J	K	L
이	즈	크	르

M	N	O	P
므	느	오	프

Q	R	S	T
크어	르	스	트

U	V	W	X
어	브	우어	크스

Y	Z
이	즈

>> 알파벳과 단어 읽는 법 <<

ㄱ + ㅐ → 개

[기역]　　　[애]　　　[개]

d + o + g → dog

[디]　[오]　[지]　　　[독]

우리말에 '개'를 '기역, 애'라고 따로 떼어서 읽지 않듯이 영어에서도 dog을 '디, 오, 지'라고 읽지 않고 '독'이라고 읽습니다.

알파벳은 '소리'를 나타내는 문자입니다. 그러므로 '문자 그 자체'를 읽는 것이 아니라, 그 문자가 '단어의 일부 되었을 때 읽는 법'을 아는 것이 매우 중요합니다. 즉, 우리말에서 ㄱ, ㄴ, ㄷ, ㄹ... 등의 자음과 ㅏ, ㅑ, ㅓ, ㅕ, ㅗ, ㅛ... 등의 모음이 합쳐져 하나의 음절을 이루고, 그 음절이 모여 단어가 되듯이 영어도 위의 예처럼 마찬가지입니다.

🔊 모음

A a	E e	I i	O o	U u
map	**pen**	**sit**	**toy**	**cup**
[맵]	[페]	[씻]	[토이]	[컵]
지도	펜	앉다	장난감	컵

🔊 자음

B b	**b**oy [보이] 소년	C c	**c**at [캣] 고양이	D d	**d**uck [덕] 오리
F f	**f**ish [피쉬] 물고기	G g	**g**irl [걸] 소녀	H h	**h**at [햇] 모자
J j	**j**elly [젤리] 젤리	K k	**k**ing [킹] 왕	L l	**l**ion [라이언] 사자
M m	**m**oney [머니] 돈	N n	**n**ame [네임] 이름	P p	**p**ig [피그] 돼지
Q q	**q**ueen [퀸] 여왕	R r	**r**ock [락] 바위	S s	**s**un [썬] 태양
T t	**t**iger [타이거] 호랑이	V v	**v**ase [베이스] 꽃병	W w	**w**indow [윈도우] 창문
X x	bo**x** [박스] 박스	Y y	**y**ellow [엘로우] 노랑	Z z	**z**oo [주] 동물원

🔊 다음 알파벳은 위의 소릿값과 다르게 읽는 경우도 있습니다.

C c	**c**ity [씨티] 도시	G g	oran**g**e [오린지] 오렌지	S s	ro**s**e [로즈] 장미

Hi~

인사 · 감정 · 의사
표현

일상적으로 인사할 때

듣기

안녕하세요!

Good morning!

굿 모닝!

아침에 만났을 때 인사

안녕하세요!

Good afternoon!

굿 애프터눈!

낮에 만났을 때 인사

안녕하세요!

Good evening!

굿 이브닝!

밤에 만났을 때 인사

안녕히 주무세요!

Good night!

굿 나잇!

밤에 헤어질 때 인사

안녕하세요! / 안녕!

Hello! / Hi!

헬로우! / 하이!

가장 많이 쓰는 일반적인 인사

좋은 하루 되세요.

Have a nice day!

햅 어 나이스 데이!

하루를 잘 보내라고 격려하는 인사 표현

Mini Talk

녹음을 듣고 소리내어 읽어보세요?

A: Good morning, Tom.

굿 모닝, 탐.

B: Good morning, Jane.

굿 모닝, 제인.

A: Nice day today.

나이스 데이 투데이.

B: Yes, It's a beautiful day.

예스, 잇츠 어 뷰티플 데이.

A: 안녕하세요. 톰.

B: 안녕하세요. 제인.

A: 날씨 좋네요.

B: 네, 아름다운 날씨네요.

Check Point!

동서양을 불문하고 인간관계에 있어 인사는 매우 중요한 예절이에요. 누구를 만나든 인사로 시작해서 인사로 끝나니까요. 하지만 외국인과 만나 자연스럽게 인사를 나누는 것은 그리 쉽지 않죠. 자신감을 가지려면 다양한 상황에서 쓸 수 있는 인사말을 익혀둬야 해요. 천리 길도 한 걸음부터! 한꺼번에 외우려고 애쓰지 말고 쉽고 가벼운 인사말부터 시작해요!

어떻게 지내셨어요?

How have you been?

하우 햅 유 빈?

오랜만에 만난 사람에게 건네는 인사

어떻게 지내세요?

How are you doing?

하우 알 유 두잉?

요즘 어때요?

How's everything?

하우즈 애브리씽?

뭐 새로운 소식 있어요?

What's new?

윗츠 뉴?

친구 사이에 편하게 하는 인사

별일 없어요?

What's going on?

윗츠 고우잉 온?

가족분들은 잘 지내시죠?

How's your family?

하우즈 유얼 패밀리?

family 가족

 녹음을 듣고 소리내어 읽어보세요?

A: **Hi, Tom. How's it going?**
하이, 탐. 하우즈 잇 고우잉?

B: **Pretty good. How about you?**
프리티 굿. 하우 어바웃 유?

A: **I'm good. And your parents?**
아임 굿. 앤 유얼 패어런츠?

B: **They're good.**
데이알 굿.

A: 안녕, 톰. 어떻게 지내세요?

B: 아주 잘 지내요. 당신은 어때요?

A: 난 잘 지내요. 부모님은요?

B: 잘 지내셔요.

Check Point!

가장 무난하게 누구에게나, 아무 때나 쓸 수 있는 인사말은 How are you?(안녕하세요?)예요. 그 밖에도 근황을 묻는 인사말은 How로 시작하는 인사말과 What으로 시작하는 인사말로 나눌 수 있어요. How 인사말은 "어떻게 지내요?"라고 기분과 컨디션을 물어보는 것이고, What 인사말은 상대방의 근황을 좀 더 디테일하게 질문하는 거예요.

만나서 반갑습니다.
I'm glad to meet you.
아임 글랫 투 밋츄.

meet 만나다

저 역시 만나서 반갑습니다.
Glad to meet you, too.
글랫 투 밋츄, 투.

glad 기쁜, 반가운

만나서 기뻐요.
Nice to meet you.
나이스 투 밋츄.

nice 좋은, 즐거운

만나서 반가워요.
Good to meet you.
굿 투 밋츄.

만나서 기뻐요.
It's a pleasure to meet you.
잇츠 어 프레줘 투 밋츄.

pleasure 기쁨, 즐거움

말씀은 많이 들었습니다.
I've heard a lot about you.
아입 허드 어 랏 어바웃 유.

hear about ~에 대해 듣다

Mini Talk

녹음을 듣고 소리내어 읽어보세요?

A: **Hi, I'm Jane. Nice to meet you.**

하이, 아임 제인. 나이스 투 밋츄.

B: **Hi, Jane. Pleased to meet you. I'm Tom.**

하이, 제인. 프리즈드 투 밋츄. 아임 탐.

A: **May I have your business card?**

메이 아이 햅 유얼 비즈니스 카드?

B: **Of course. Here you are.**

옵 코스. 히얼 유 알.

A: 안녕하세요, 제인이에요. 만나서 반가워요.

B: 안녕하세요, 제인. 만나서 기뻐요. 난 톰이에요.

A: 명함 좀 주시겠어요?

B: 물론이죠. 여기 있습니다.

Check Point!

처음 만난 외국인과 인사하는 것은 사실 생각처럼 쉽지 않아요. 게다가 격식
있는 자리인지 가벼운 친구 소개인지, 상대가 남자인지 여자인지 어른인지
아이인지, 혼자 만나는지 여럿이 만나는지, 앞으로 오래 봐야 할 사람인지 그
냥 지나치는 사람인지 상황도 엄청나게 다양하죠. 하지만 첫인사는 결국 다
비슷비슷해서 몇 가지만 알면 돼요.

25

듣기

오랜만이에요.

It's been a long time.

잇츠 빈 어 롱 타임.

long 긴

정말 오랜만이에요.

It's been so long.

잇츠 빈 쏘우 롱.

오랜만이야.

Long time no see.

롱 타임 노우 씨.

see 보다, 만나다

그동안 어떻게 지내셨어요?

How have you been?

하우 햅 유 빈?

오랜만이네요, 그렇죠?

It's been a long time, hasn't it?

잇츠 빈 어 롱 타임, 해즌ㅌ 잇?

다시 만나니 반가워요.

I'm glad to see you again.

아임 글랫 투 씨 유 어겐.

again 다시

Mini Talk

녹음을 듣고 소리내어 읽어보세요?

A: **It's nice to see you again! It's been ages.**

잇츠 나이스 투 씨 유 어겐! 잇츠 빈 에이지스.

B: **Same here, Jane. How have you been?**

쎄임 히얼, 제인. 하우 햅 유 빈?

A: **I've been pretty busy.**

아입 빈 프리티 비지.

B: **Oh, have you?**

오우, 햅 유?

A: 다시 만나서 반가워요. 오랜만이에요.

B: 저도요, 제인. 그동안 어떻게 지내셨어요?

A: 전 그동안 꽤 바빴어요.

B: 아, 그랬어요?

Check Point!

오랜만에 만났을 때 가장 일반적으로 쓰는 인사 표현은 It's been a long time.(오랜만입니다)입니다. 친구 사이에서는 Long time no see.(오랜만이야!)를 가장 많이 쓰죠. 이어지는 표현은 Time flies.(세월 참 빠르네요) / It's good to see you again.(다시 만나 반가워요) / You haven't changed at all.(하나도 안 변하셨어요) / I've missed you.(보고 싶었어요) 등이 있어요.

05 우연히 만났을 때

웬일이니!

What a surprise!

윗 어 서프라이즈!

surprise 뜻밖의 일, 놀라움

이게 누구야!

Look who's here!

룩 후즈 히얼!

세상 정말 좁군요.

What a small world!

윗 어 스몰 월드!

small 작은

여긴 어쩐 일이세요?

What brings you here?

윗 브링스 유 히얼?

bring 가져오다, 데려오다

당신을 이런 곳에서 만나다니 대박!

Fancy meeting you here!

팬시 미팅 유 히얼!

fancy 충격적일 정도로 놀랍다

(보고 싶던 참이었는데) 마침 잘 만났어요.

Just the person I wanted to see!

저슷 더 퍼슨 아이 원팃 투 씨!

person 사람

Mini Talk

녹음을 듣고 소리내어 읽어보세요?

A: **Look who's here! How are you, Jane?**

룩 후즈 히얼! 하우 알 유, 제인?

B: **Just fine, Tom. Good to see you again.**

저슷 파인, 탐. 굿 투 씨 유 어겐.

A: **You haven't changed at all.**

유 해븐ㅌ 체인지드 앳 올.

B: **I've missed you.**

아입 미스트 유.

A: 아니 이게 누구야! 잘 지냈어요, 제인?

B: 잘 지내죠, 톰. 다시 만나 반가워요.

A: 그대로시네요.

B: 보고 싶었어요.

Check Point!

어디서 우연히 아는 사람을 만나면 왠지 놀랍고 반가운 기분이 들죠? 그래서 약간 과장된 표현을 하게 됩니다. 가장 자주 쓰는 인사는 Look who's here!(이게 누구야!) / What brings you here?(여긴 어쩐 일이세요?) 등의 간단하고 경쾌한 표현이죠. 친하지 않은 사람이라면 I didn't expect to see you here.(여기서 만날 줄은 생각도 못했네요) 정도로 인사하면 무난해요.

헤어질 때

안녕히 가세요(계세요)!

Good Bye!

굿 바이!

몸조심하세요.

Take care of yourself.

테익 케어롭 유얼셀프.

take care of …에 조심하다, 신경을 쓰다

나중에 봐요.

See you later.

씨 유 래이러.

later 나중에

또 봐요.

See you around.

씨 유 어라운.

곧 다시 만나요.

See you again soon.

씨 유 어겐 쑨.

soon 곧, 금방

브라운에게 안부 전해 줘요.

Say hello to Brown.

쎄이 헬로우 투 브라운.

say hello (to) (…에게) 안부를 전하다

Mini Talk

녹음을 듣고 소리내어 읽어보세요?

A: **Good bye, Jane. Say hello to Tom.**

굿 바이, 제인. 쎄이 헬로우 투 탐.

B: **I will. Say hello to Dick, too.**

아이 윌. 쎄이 헬로우 투 딕, 투.

A: **Keep in touch!**

킵 인 터치!

B: **I'll be in touch.**

아일 비 인 터치.

A: 잘 있어, 제인. 톰에게 안부 전해줘.

B: 그럴게. 딕에게도 내 안부 전해줘.

A: 연락하며 지내자!

B: 연락할게.

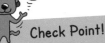
Check Point!

매일 만나는 사람, 오랜만에 만난 사람, 우연히 만난 사람, 멀리 여행을 떠나
는 사람 등 헤어질 때 쓸 수 있는 인사말은 상황마다 아주 다양해요. 하지만
초보자들은 일단 어떤 상황이든 공통적으로 쓸 수 있는 기본표현부터 익히는
것이 중요해요. Good bye.(안녕히 가세요) / See you later.(나중에 봐요) 등
의 쉽고 간단한 관용 표현들을 먼저 익혀 적절하게 활용해 보세요.

고마워요.

Thank you. / Thanks.

땡큐. / 땡스.

너무 고마워요.

Thanks a lot.

땡스 어 랏.

진심으로 감사드립니다.

I heartily thank you.

아이 하틀리 땡큐.

heartily 진심으로

와 주셔서 감사합니다.

Thank you for coming.

땡큐 풔 커밍.

thank you for ~에 대해 감사하다

호의에 감사드립니다.

I appreciate your kindness.

아이 어프리시에잇 유얼 카인드니스.

appreciate 감사하다(thank보다 더 깊고 격조 있는 감사 표현)

도와주셔서 감사합니다.

Thank you for helping me.

땡큐 풔 헬핑 미.

Mini Talk

녹음을 듣고 소리내어 읽어보세요?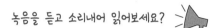

A: Thank you for helping me.

땡큐 풔 헬핑 미.

B: You're welcome.

유얼 웰컴.

A: I bought something for you.

아이 보웃 썸씽 풔 유.

B: What a nice surprise! Thank you!

윗 어 나이스 서프라이즈! 땡큐!

A: 도와주셔서 고맙습니다.

B: 천만에요.

A: 당신께 드리려고 뭘 좀 사왔어요.

B: 어머나! 고마워요.

Check Point!

영어권 사람들은 thank you.를 거의 입에 달고 산다고 해도 과언이 아니에요. 꼭 그래서는 아니지만 아무튼 누군가에게 도움을 받았을 때는 반드시 인사를 해야 합니다. 감사 표현은 주로 Thank you (for) ~.나 I appreciate your ~. 패턴을 사용하는데 기본적으로 thank는 사람 또는 행위에 대해(뒤에 for를 붙여서) 모두 쓸 수 있고, appreciate는 행위에 대해서만 씁니다.

정말 죄송해요.

I'm very sorry.

아임 베리 쏘리.

미안해요, 괜찮으세요?

Sorry, are you all right?

쏘리, 알 유 올 라잇?

사과드립니다.

I apologize to you.

아이 어팔러자이즈 투 유.

apologize 사과하다

용서해 주십시오.

Please forgive me.

플리즈 포깁 미.

forgive 용서하다

늦어서 미안해요.

I'm sorry for being late.

아임 쏘리 풔 빙 레잇.

late 늦은

제가 한 말에 대해 사죄드립니다.

I apologize for what I said.

아이 어팔러자이즈 풔 윗 아이 셋.

Mini Talk

녹음을 듣고 소리내어 읽어보세요?

A: **I'm sorry I'm late.**

아임 쏘리 아임 레잇.

B: **That's all right.**

댓츠 올 라잇.

A: **I'm sorry to have you wait so long.**

아임 쏘리 투 햅 유 웨잇 쏘우 롱.

B: **It's OK. I understand.**

잇츠 오케이. 아이 언더스탠드.

A: 늦어서 죄송해요.

B: 괜찮아요.

A: 너무 오래 기다리게 해서 죄송해요.

B: 괜찮아요. 이해합니다.

Check Point!

실수나 잘못에 대해 사과할 때는 보통 I'm sorry.(미안합니다)나 Excuse me.(미안합니다/실례합니다)라는 표현을 사용하고, 보통 That's all right.(괜찮습니다) 정도로 대답합니다. Excuse me.는 거의 Thank you. 만큼이나 자주 쓰지만 I'm sorry.는 아주 신중하게 사용해요. 그냥 가벼운 사과가 아니라 모든 책임을 인정한다는 사죄의 의미가 들어있기 때문이죠.

듣기

축하합니다!

Congratulations!

컨그레츌레이션스!

생일 축하해요.

Happy birthday to you!

해피 버쓰데이 투 유!

birthday 생일

결혼을 축하해요.

Congratulations on your wedding!

컨그레츌레이션스 온 유얼 웨딩!

성공을 축하드립니다.

Congratulations on your success.

컨그레츌레이션스 온 유얼 썩세스.

success 성공

우리의 승리를 자축합시다.

Let's celebrate our victory!

렛츠 샐러브레잇 아워 빅토리!

victory 승리

늦었지만 생일 축하해요.

It's late, but happy birthday!

잇츠 레잇, 벗 해피 버쓰데이!

Mini Talk

녹음을 듣고 소리내어 읽어보세요?

A: **I am happy. I just heard I passed my exam.**

아이 엠 해피. 아이 저슷 허드 아이 패스트 마이 이그잼.

B: **Congratulations!**

컨그레츌레이션스!

A: **Oh, thanks. I think I was lucky.**

오, 땡스. 아이 씽크 아이 워즈 럭키.

B: **You must be very pleased.**

유 머슷 비 베리 플리즈드.

A: 행복해요. 방금 내가 시험에 합격했다고 들었어요.

B: 축하해요!

A: 고마워요. 운이 좋았던 것 같아요.

B: 정말 기쁘겠어요.

Check Point!

Congratulations!는 노력해서 목적을 성취했거나 경쟁에서 승리했을 때 축하하는 표현입니다. 일반적으로 입학, 졸업, 취업 또는 무슨 대회에서 상을 타거나 합격했을 때 쓰는 축하 표현이죠. 그래서 원래는 결혼식에서 신랑 신부에게 쓸 수 있는 축하 표현이 아니지만 워낙 대표적인 축하 표현이다 보니 요즘은 그냥 두루두루 많이 쓰는 것 같아요. 끝에 –s 붙이는 거 잊지 마세요!

듣기

환영합니다!

Welcome!

웰컴!

돌아오신 걸 환영합니다.

Welcome back.

웰컴 백.

입사를 환영합니다.

Welcome aboard.

웰컴 어보드.

승객들이나 단체에 새로 들어온 사람 등에게 하는 말

한국에 오신 것을 환영합니다.

Welcome to Korea.

웰컴 투 코리어.

아무 때나 오세요.

You are welcome at any time.

유 알 웰컴 앳 애니 타임.

at any time 언제라도, 아무때나

진심으로 환영합니다.

I welcome you with my whole heart.

아이 웰컴 유 윗 마이 호울 하트.

Mini Talk

녹음을 듣고 소리내어 읽어보세요?

A: **I'm Jane White. I'm the new recruit here.**

아임 제인 와잇. 아임 더 뉴 리쿠르트 히얼.

B: **Hi, Jane. Welcome aboard! I'm Paul Brown.**

하이, 제인. 웰컴 어보드! 아임 폴 브라운.

A: **Thank you. Nice to meet you.**

땡큐. 나이스 투 밋츄.

B: **I hope you'll like it here.**

아이 홉 유일 라익 잇 히얼.

A: 제인 화이트입니다. 신입사원이에요.

B: 안녕하세요, 제인. 입사를 환영합니다.
　 저는 폴 브라운이에요.

A: 감사합니다. 만나서 반가워요.

B: 이곳이 마음에 들기를 바랍니다.

Check Point!

누군가를 환영할 때 가장 많이 쓰는 표현은 Welcome!이죠. 언제 어디서나 쓸 수 있는 가장 쉽고 간단하고 무난한 표현이에요. 상황에 따라 Welcome to my home.(어서 오세요) / Welcome to Korea.(한국에 오신 것을 환영해요) / Welcome aboard.(입사를 축하해요) / Glad to have you with us.(같이 일하게 되어 반가워요) 등으로 기쁘게 환영하는 마음을 표현해 주세요.

행운을 빌 때

행운을 빌게요.

Good luck to you.

굿 럭 투 유.

luck 좋은 운, 행운

신의 축복이 있기를!

God bless you!

갓 블레스 유!

bless (신의) 가호[축복]를 빌다

성공을 빕니다.

May you succeed!

메이 유 썩시드!

succeed 성공하다

행복하길 빌겠습니다.

I hope you'll be happy.

아이 홉 유일 비 해피.

wish는 일어나기 힘든 미래 상황에, hope는 일어날 만한 미래 상황에 쓴다

새해 복 많이 받으세요.

Happy new year!

해피 뉴 이어!

즐거운 크리스마스 보내세요.

Merry Christmas!

메리 크리스머스!

Mini Talk

녹음을 듣고 소리내어 읽어보세요?

A: **All the best for the New Year!**

올 더 베슷 풔 더 뉴 이어!

B: **I hope you'll have a better year.**

아이 홉 유일 햅 어 베러 이어.

A: **May you succeed!**

메이 유 썩시드!

B: **Thank you! I hope you'll be happy.**

땡큐! 아이 홉 유일 비 해피.

A: 새해 복 많이 받으세요!

B: 더 좋은 한해가 되길 바랍니다!

A: 성공을 빌어요!

B: 고마워요! 행복하길 빌게요.

 Check Point!

누군가를 환영할 때 가장 많이 쓰는 표현은 Welcome!이죠. 언제 어디서나 쓸 수 있는 가장 쉽고 간단하고 무난한 표현이에요. 상황에 따라 Welcome to my home.(어서 오세요) / Welcome to Korea.(한국에 오신 것을 환영해요) / Welcome aboard.(입사를 축하해요) / Glad to have you with us.(같이 일하게 되어 반가워요) 등으로 기쁘게 환영하는 마음을 표현해 주세요.

듣기

기뻐요!

I'm happy!

아임 해피!

정말 기분 좋아요.

It really feels great.

잇 리얼리 필스 그레잇.

really 정말로 / feel 느끼다

당신 때문에 행복해요.

I'm happy for you.

아임 해피 풔 유.

오늘 기분이 완전 최고예요.

I'm so happy today.

아임 쏘우 해피 투데이.

당신과 함께 있으면 즐겁습니다.

You're fun to be around.

유알 펀 투 비 어라운.

멋질 것 같아요!

That would be nice!

댓 우드 비 나이스!

Mini Talk

녹음을 듣고 소리내어 읽어보세요?

A: # Tom, I'm walking on air now.

탐, 아임 워킹 온 에어 나우.

B: # What makes you so happy, Jane?

윗 메익스 유 쏘우 해피, 제인?

A: # I got in!

아이 갓 인!

B: # You made it! Congratulations!

유 메이드 잇! 컨그레츌레이션스!

A: 톰, 전 지금 정말 기분이 좋아요.

B: 뭐가 그렇게 좋아요, 제인?

A: 나 합격했어요.

B: 해냈군요! 축하해요!

Check Point!

서구인들은 대개 동양인에 비해 감정표현이 풍부한 편이라 언제 어디서나 자신의 감정을 솔직하고 대담하게 표현합니다. 기쁨이나 즐거움을 나타내는 표현도 아주 많아요. I'm so pleased.(정말 기뻐) / I'm so happy.(무척 기뻐) / I'm flying(날아갈 것 같아) / I'm delighted.(정말 행복해) / I'm bursting.(터질 것 같아) 등 간단한 표현부터 시작해 봅시다.

미치겠네!

Drive me nuts!

드라입 미 넛츠!

말도 안돼(끔찍해).

That's awful!

댓츠 오플!

awful 끔찍한, 지독한

충격이다!

I'm so mad!

아임 쏘우 맷!

furious 몹시 화가 난

더 이상은 못 참아.

I can't stand any more.

아이 캔트 스탠 애니 모어.

can stand 견뎌내다, 이겨내다

그만 좀 해.

That is enough.

댓 이즈 이넙.

enough 충분한

열 받게 하네!

That burns me up!

댓 번스 미 업!

burn (불이) 타오르다

Mini Talk

녹음을 듣고 소리내어 읽어보세요?

A: **Are you still mad at me?**

알 유 스틸 맷 앳 미?

B: **It's okay now. I understand.**

잇츠 오케이 나우. 아이 언더스탠드.

A: **There are not enough hours in the day.**

데얼 알 낫 이넙 아워즈 인 더 데이.

B: **Don't be so hard on yourself.**

돈ㅌ 비 쏘우 하드 온 유얼셀프.

A: 아직도 나한테 화났어요?

B: 이제 괜찮아요. 이해합니다.

A: 너무 바빠서 시간이 모자라요.

B: 너무 자책하지 마세요.

Check Point!

배신감이나 분노를 느낄 땐 How could you ~? 패턴이 따지기 딱 좋아요. How could you be so stupid?(어떻게 그렇게 멍청할 수가 있니?) What 뒤에 the hell, on earth 등을 붙여서 '도대체' 라는 짜증스러운 뉘앙스를 더할 수 있고, Don't even think about ~패턴으로 생각도 하지 말라고 경고할 수 있어요. Don't even think about it.(그건 생각도 하지 마)

Basic Expression

우울해요.

I'm depressed.
아임 디프레스트.

depressed (기분이) 우울한[암울한]

외로워요.

I'm lonely.
아임 로운리.

lonely 외로운, 쓸쓸한

비참해요.

I feel miserable.
아이 필 미저러블.

miserable 비참한

기분이 별로예요(좋지 않아요).

I feel bad.
아이 필 뱃.

in a good mood 기분이 좋은

울고 싶은 심정이에요.

I feel like crying.
아이 필 라익 크라잉.

앞날이 캄캄해요.

I have no hope for my future.
아이 햅 노우 홉 풔 마이 퓨처.

future 미래

Mini Talk

녹음을 듣고 소리내어 읽어보세요?

A: **I hate the sad ending.**
아이 해잇 더 새드 엔딩.

B: **So do I.**
쏘우 두 아이.

A: **I'm feeling blue today.**
아임 필링 블루 투데이.

B: **Time heals all sorrows.**
타임 힐즈 올 싸로우즈.

A: 난 새드 앤딩은 싫어요.

B: 나도 그래요.

A: 오늘은 기분이 우울해요.

B: 시간은 모든 슬픔을 치료해요.

Check Point!

사람의 감정은 외국인이라고 해서 특별히 다르지 않아요. 슬플 때는 I'm sad. (슬퍼요)라고 말하고, 슬픈 나머지 울고 싶은 심정일 때는 I feel like crying. (울고 싶어요)라고 표현할 수 있습니다. 기분이 우울할 때는 I'm depressed. (우울해요)라고 하며, 상대가 슬퍼하거나 우울해 할 때는 Forget it!(잊어버려 요!) / Cheer up.(기운 내세요!) 등으로 위로합니다.

정말 놀랍군요!

How surprising!

하우 서프라이징!

surprising 놀라운, 놀랄

훌륭하네요!

That's great!

댓츠 그레잇!

정말이야(진심이야)?

Are you serious?

알 유 시리어스?

serious 심각한, 진지한

믿을 수 없어!

That's incredible!

댓츠 인크레더블!

incredible 믿을 수 없는, 믿기 힘든

정말 놀랍지 않아요?

That's amazing, isn't it?

댓츠 어메이징, 이즌ㅌ 잇?

amazing (감탄스럽도록) 놀라운

난 새로운 변화가 두려워요.

I'm afraid of new changes.

아임 어프레이드 옵 뉴 체인지즈.

Mini Talk

녹음을 듣고 소리내어 읽어보세요?

A: **Let's go into the water.**

렛츠 고우 인투 더 워러.

B: **I can't. I'm afraid of water.**

아이 캔ㅌ. 아임 어프레이드 옵 워러.

A: **I'll teach you how to swim.**

아일 티치 유 하우 투 스윔.

B: **Oh, no!**

오, 노우!

A: 물속으로 들어가자.

B: 난 못해. 난 물이 무서워.

A: 내가 수영 가르쳐줄게.

B: 아, 싫어!

Check Point!

무서울 때는 be afraid of ~ 패턴을 주로 사용해요. I'm afraid of heights.(난 높은 곳이 무서워) I'm afraid 뒤에 to 부정사를 붙여서 구체적으로 뭐가 무서운지 설명해요. I'm afraid to jog alone in the evening.(저녁에 혼자 조깅하는 게 두려워) 놀랐을 때는 be shocked를 써서 I was shocked when I got your call.(네 전화 받고 정말 놀랐어) 등으로 표현해요.

듣기

우울해 보이네요.

You look down.

유 룩 다운.

무슨 일이세요?

What's wrong?

윗츠 롱?

wrong 틀린, 잘못된

뭐가 잘못됐나요?

Is anything wrong?

이즈 애니씽 롱?

걱정하지 마세요.

Don't worry.

돈ㅌ 워리.

worry 걱정하다

걱정할 것 없어요.

You have nothing to worry about.

유 햅 낫씽 투 워리 어바웃.

worry about ~에 대해 걱정하다

너무 심각하게 받아들이지 마세요.

Don't take it seriously.

돈ㅌ 테익 잇 시리어슬리.

Mini Talk

녹음을 듣고 소리내어 읽어보세요?

A: **What's wrong with you? You look so down today.**

윗츠 롱 윗 유? 유 룩 쏘우 다운 투데이.

B: **I failed the English exam again.**

아이 페일드 더 잉글리쉬 이그잼 어겐.

A: **I'm sorry to hear that.**

아임 쏘리 투 히어 댓.

B: **I'm unlucky with exams.**

아임 언럭키 윗 이그잼스.

A: 왜 그래요? 오늘 너무 우울해 보이네요.

B: 영어시험을 또 낙제했거든요.

A: 안됐네요.

B: 난 시험 운이 없어요.

Check Point!

위로하는 방법에는 여러 가지가 있어요. 상대방이 I'm so sad.(슬퍼요)라고 말하면 I know things will work out.(반드시 잘 될 거예요)이라고 격려하고, 친한 사이라면 I want to be of help.(너에게 도움이 되고 싶어)라고 말할 수 있죠. That's too much.(큰일이군요) / That's terrible.(심하네요) / What a pity!(유감이군요) 등의 공감 표현도 다양하게 알아두세요.

Basic Expression

대단하군요!

Great!

그레잇!

잘 하시는군요.

You're doing well!

유알 두잉 웰!

정말 훌륭하군요!

How marvelous!

하우 말버러스!

marvelous 놀라운, 믿기 어려운, 신기한

패션 감각이 뛰어나시군요.

You have an eye for fashion.

유 햅 언 아이 풔 패션.

시험을 참 잘 봤네.

You did a good job on your exams.

유 딧 어 굿 잡 온 유얼 이그잼스.

exam 시험

과찬의 말씀입니다.

I'm so flattered.

아임 쏘우 플래터드.

be/feel flattered (어깨가) 으쓱해지다

Mini Talk

녹음을 듣고 소리내어 읽어보세요?

A: **It looks very good on you.**

잇 룩스 베리 굿 온 유.

B: **Thanks for your compliment.**

땡스 풔 유얼 컴플리먼트.

A: **I think you are the master of marketing.**

아이 씽크 유 알 더 마스터 옵 마케팅.

B: **You're flattering me.**

유얼 플래터링 미.

A: 참 잘 어울리는군요.

B: 칭찬해 주시니 감사합니다.

A: 당신은 정말 마케팅 달인 같아요.

B: 과찬이세요.

Check Point!

칭찬을 싫어하는 사람은 아무도 없죠. 상대방의 좋은 점을 찾아내서 칭찬하는 습관을 들이면 모든 사람에게 환영받는 사람이 될 수 있어요. 다만 칭찬이 지나쳐서 아부가 되지는 않도록 조심해야겠죠? 칭찬할 때는 구체적으로 풍부하게 하는 것이 좋아요. 건성으로 하는 칭찬은 하나마나니까요. 혹시 칭찬을 받았다면 you flatter me.(과찬이세요)라고 대답해요.

여보세요.

Hello. / Hi.

헬로우. / 하이.

이봐, 자네!

Hey, you!

헤이, 유!

저기요.

Waiter! / Waitress!

웨이터! / 웨이트리스!

식당에서 웨이터를 부를 때

저(잠깐만요).

Listen. / Look here.

리슨. / 룩 히얼.

저, 여보세요?

Excuse me, sir?

익스큐즈 미, 써ㄹ?

모르는 남성을 부를 때

저, 여보세요?

Excuse me, ma'am?

익스큐즈 미, 맴?

모르는 여성을 부를 때

Mini Talk

녹음을 듣고 소리내어 읽어보세요?

A: **Excuse me, ma'am. I think you dropped this.**

익스큐즈 미, 맴. 아이 씽크 유 드랍트 디스.

B: **Oh, thanks a lot.**

오, 땡스 어 랏.

A: **You're welcome. Goodbye.**

유얼 웰컴. 굿바이.

B: **Goodbye, miss. Thank you very much.**

굿바이, 미스. 땡큐 베리 머치.

A: 저기요, 아주머니.
　이거 떨어뜨리신 것 같아요.

B: 어머, 고마워요.

A: 천만에요. 안녕히 가세요.

B: 잘 가요, 아가씨. 정말 고마워요.

Check Point!

미국인은 친구, 동료는 물론, 손윗사람이나 직장 상사를 부를 때도 이름을 부르는 것이 일반화되어 있고, 또 이름을 불러주는 것을 좋아합니다. 우리 문화에서는 정말 어색한 일이지만 로마에 가면 로마법을 따라야 하는 법이죠. 말을 걸거나 부를 때는 Hello! / Hi! / Hey! / Excuse me. 등을 흔히 쓰는데 Hey!는 반말처럼 들릴 수도 있으니 조심하세요!

그래요?

Is that so?

이즈 댓 쏘우?

맞아요.

Right.

라잇.

알겠어요.

I see.

아이 씨.

see에는 '알다, 이해하다, 판단하다'라는 의미도 있다

그거 좋군요.

That's good.

댓츠 굿.

아니오, 그렇게 생각지 않아요.

No, I don't think so.

노, 아이 돈ㅌ 씽 쏘우.

think 생각하다

참 안됐네요.

That's too bad.

댓츠 투 뱃.

bad 안 좋은, 불쾌한, 나쁜

Mini Talk

녹음을 듣고 소리내어 읽어보세요?

A: **I'm proud of my job.**

아임 프라웃 옵 마이 잡.

B: **Are you?**

알 유?

A: **Everyone has to do what they like.**

에브리원 해즈 투 두 윗 데이 라익.

B: **Right on!**

라잇 온!

A: 난 내 직업에 자부심이 있어요.

B: 그래요?

A: 누구나 자기가 좋아하는 일을 해야 해요.

B: 맞아요!

Check Point!

대화할 때 상대방의 말에 호흡을 맞추면서 적절하게 맞장구치는 습관을 들이면 아주 인기 있는 사람이 될 수 있어요. 누구나 자기 말을 적극적으로 잘 들어주는 사람을 좋아하니까요. 상대의 말에 긍정적으로 맞장구칠 때는 That's right.(맞아) / Sure.(물론이지), 부정할 때는 I don't think so.(난 그렇게 생각하지 않아) / It's not true.(그렇지 않아) 등으로 표현합니다.

뭐라고요?

Excuse me?

익스큐즈 미?

뭐라고?

What?

윗?

친구들 사이에서 가볍게 쓸 수 있는 표현이다

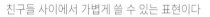

다시 말씀해 주시겠어요?

Beg your pardon?

백 유얼 파든?

원래는 I beg your pardon?인데 그냥 Pardon?이라고만 해도 된다

다시 한 번 말씀해 주십시오.

Please say that again.

플리즈 쎄이 댓 어겐.

뭐라고 했지?

You said what?

유 쎄드 윗?

친구들 사이에서 쓰는 가벼운 표현이다

방금 뭐라고 말씀하셨죠?

What did you say just now?

윗 디쥬 쎄이 저슷 나우?

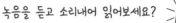

Mini Talk

녹음을 듣고 소리내어 읽어보세요?

A: I'm going to New York next week.

아임 고우잉 투 뉴욕 넥스트 윅.

B: Going where?

고우잉 웨얼?

A: To New York!

투 뉴욕!

B: For what?

포 윗?

A: 다음 주에 뉴욕에 갈 거야.

B: 어디에 간다고?

A: 뉴욕에!

B: 무슨 일로?

Check Point!

외국어로 대화를 나누는 것은 절대로 쉬운 일이 아니죠. 그러니 영어를 제대로 이해하기 위해서라도 상대의 말이 빠르거나 알아들을 수 없는 말이 나오면 그냥 넘어가지 말고 확실하게 되묻는 습관을 길러야 해요. 당장은 창피할지 몰라도 그래야 영어가 늘거든요. 이때 주로 사용하는 표현이 Beg your pardon?이에요. 줄여서 간단하게 Pardon?이라고도 합니다.

질문 있습니다.

I have a question.

아이 햅 어 퀘스천.

question 질문

질문 하나 해도 될까요?

May I ask you a question?

메이 아이 애슥 유 어 퀘스천?

누구한테 물어봐야 되죠?

Who should I ask?

후 슛 아이 애슥?

질문 있습니까?

Do you have any question?

두 유 햅 애니 퀘스천?

긍정문에서는 some, 부정문과 의문문에서는 any를 쓴다

다른 질문 있으세요?

Are there any other questions?

알 데얼 애니 어더 퀘스천즈?

이것을 영어로 뭐라고 하죠?

What's this called in English?

웟츠 디스 콜드 인 잉글리쉬?

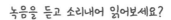 녹음을 듣고 소리내어 읽어보세요?

A: **May I ask you a question?**

메이 아이 애슥 유 어 퀘스천?

B: **Sure.**

슈얼.

A: **Do you have time?**

두 유 햅 타임?

B: **Sorry, but I have some work to do.**

쏘리, 벗 아이 햅 썸 웍 투 두.

A: 질문 하나 해도 될까요?

B: 물론이죠.

A: 시간 있어요?

B: 미안하지만, 해야 할 일이 있어요.

Check Point!

친구 사이에서는 다짜고짜 질문을 던져도 상관없겠지만 일반적인 상황에서는 질문해도 되는지 먼저 물어봐야 해요. 교실에서 질문할 때 손을 드는 것처럼요. I have a question (for you.)(물어볼 게 있어요) / May I ask a question?(질문해도 될까요?)라고 먼저 묻고 나서 상대방이 그러라고 하면 그때 본격적으로 질문하는 것이 질문할 때의 예절입니다.

Basic Expression

 듣기

부탁 하나 해도 될까요?

May I ask you a favor?

메이 아이 애슥 유 어 페이버?

ask a favor 부탁하다

제 부탁 좀 들어주시겠어요?

Would you do me a favor?

우쥬 두 미 어 페이버?

정중한 표현

부탁이 있어요.

I need a favor.

아이 닛 어 페이버.

가벼운 표현

조용히 좀 해주시겠어요?

Would you please be quiet?

우쥬 플리즈 비 콰이엇?

quiet 조용해지다, 잠잠해지다

당신과 얘기 좀 해도 될까요?

May I have a word with you?

메이 아이 햅 어 워드 윗 유?

문 좀 열어주시겠어요?

Would you please open the door?

우쥬 플리즈 오픈 더 도어?

Mini Talk

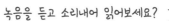

녹음을 듣고 소리내어 읽어보세요?

A: **May I ask you a favor?**

메이 아이 애슥 유 어 페이버?

B: **Sure. What is it?**

슈어. 웟 이즈 잇?

A: **Please watch my bags while I'm gone.**

플리즈 워치 마이 배그즈 와일 아임 고운.

B: **No problem.**

노우 프라블럼.

A: 부탁 하나 해도 될까요?

B: 물론이죠. 뭔데요?

A: 잠깐 제 가방 좀 봐주세요.

B: 그러죠.

Check Point!

뭔가를 부탁하거나 도움을 요청할 때 'Please + 명령문' 패턴을 사용하면 간단하고 무난한 부탁의 표현이 됩니다. 특별히 공손하고 정중하게 부탁해야 할 상황이라면 우리말의 존댓말과 같은 효과를 갖는 Could you ~? / Would you ~? (~해주시겠어요?) 패턴을 사용하세요. 친구 사이에서는 가볍게 Will you ~?(~해줄래?)라고 하면 됩니다.

커피 한 잔 드시겠어요?

Would you like a cup of coffee?

우쥬 라익 어 커폽 커피?

coffee나 water처럼 셀 수 없는 불가산명사는 cup이나 glass 등의 단위로 센다

걸어갑시다.

Let's walk.

렛츠 웍.

Let's '~하자'라고 권유하는 가장 기본적인 표현이다

우리 그 문제는 곰곰이 생각해 보기로 해요.

I suggest we sleep on it.

아이 서제스트 위 슬립 온 잇.

sleep on ~에 대해 하룻밤 자면서 생각해 보다

산책하러 가는 게 어때요?

How about going for a walk?

하우 어바웃 고우잉 풔 어 웍?

평소에 가장 많이 쓰이는 권유 표현이다

저희와 합석하시겠어요?

Would you join us?

우쥬 조인 어스?

그에게 얘기하지 그래요?

Why don't you tell him?

와이 돈츄 텔 힘?

Why don't you ~?(~하는 게 어때?) 역시 가장 많이 쓰이는 권유 표현이다

Mini Talk

녹음을 듣고 소리내어 읽어보세요?

A: Let's eat out tonight, shall we?
렛츠 잇 아웃 투나잇, 쉘 위?

B: Oh, I'd love to.
오, 아이드 럽 투.

A: And let's go to the park.
앤 렛츠 고우 투 더 팍.

B: OK. Let's play catch.
오케이. 렛츠 플레이 캐치.

A: 오늘밤 외식하러 갈까요?

B: 아, 좋지요.

A: 그리고 공원에 갑시다.

B: 좋아요. 캐치볼 놀이 합시다.

Check Point!

상대방에게 뭔가를 제안하거나 권유하는 표현은 아주 다양해요. Let's + 동사
원형~. 패턴은 '~합시다'라고 적극적인 동참을 권할 때 쓰고, Why don't you
~?나 How about ~? 패턴은 '~하는 게 어때요?'라고 상대방의 생각을 물어볼
때 씁니다. 권유를 받았을 때는 Thank you for asking me.(권해줘서 고마워
요)라고 받아들이거나, I'm sorry.(안 되겠어요)라고 거절합니다.

도움을 청하거나 양해를 구할 때

좀 도와주실래요?

Can you help me?

캔 유 핼프 미?

좀 도와주시겠어요?

Could you give me a hand?

쿠쥬 깁 미 어 핸드?

lend 빌려주다

좀 지나가도 될까요?

May I get through?

메이 아이 겟 쓰루?

get through 지나가다, 통과하다

휴대폰 좀 써도 될까요?

Could I use the cellphone?

쿠다이 유즈 더 셀포운?

여기 앉아도 되겠습니까?

Do you mind if I sit here?

두 유 마인드 입 아이 씻 히얼?

Do you mind ~해도 될까요?

물 좀 갖다 주시겠어요?

Could you bring me some water?

쿠쥬 브링 미 썸 워러?

Mini Talk

녹음을 듣고 소리내어 읽어보세요?

A: # Can you help me move the desk?
캔 유 핼프 미 무브 더 데스크?

B: # Yes, of course.
예스, 옵 코스.

A: # Thank you so much for helping me move today.
땡큐 쏘우 머치 풔 헬핑 미 무브 투데이.

B: # Sure, if you need anything, give me a holler.
슈어, 이퓨 닛 애니씽, 깁 미 어 할러.

A: 책상 옮기는 것 좀 도와줄래?

B: 물론이지.

A: 오늘 이사하는 거 도와줘서 정말 고마워.

B: 뭘, 부탁할 일 있으면 또 연락해.

Check Point!

상대방의 호의나 도움이 필요할 때 가장 많이 쓰는 표현은 Do me a favour. (나 좀 도와줘요)와 Can you do me a favour?(부탁 하나 들어주실래요?)입니다. 간단하면서도 부탁의 정도나 상대를 가리지 않고 사용할 수 있는 표현이라 도움이 필요할 땐 딱이죠. 동의를 구하거나 양해를 구할 때는 May I ~?(~해도 될까요?) / Can I ~?(~할 수 있을까요?) 패턴을 많이 씁니다.

다른 의견은 없습니까?

Have you any idea?

핸 유 애니 아이디어?

그녀에 대해 어떻게 생각하세요?

How do you think about her?

하우 두 유 씽크 어바웃 헐?

내 프로젝트에 대해 어떻게 생각하세요?

What do you think of my project?

왓 두 유 씽크 옵 마이 프러젝트?

project 계획[기획](된 일), 프로젝트

바로 그겁니다.

That's it!

댓츠 잇!

당신 말에도 일리가 있어요.

You may have a point.

유 메이 핸 어 포인트.

have a point 일리가 있다; 장점이 있다

정말 좋은 생각이군요.

What a good idea!

윗 어 굿 아이디어!

그냥 Good idea!라고만 해도 된다

68

Mini Talk

녹음을 듣고 소리내어 읽어보세요?

A: **Don't you think the coffee here is good?**

돈츄 씽크 더 커피 히얼 이즈 굿?

B: **Yeah, here is gonna be my favorite place.**

이예, 히얼 이즈 가너 비 마이 페이버릿 플레이스.

A: **Why don't we go to Spain this summer?**

와이 돈ㅌ 위 고우 투 스페인 디스 썸머.

B: **Good idea!**

굿 아이디어!

A: 여기 커피 맛있는 것 같지 않니?

B: 응, 이제 여기 자주 와야겠어.

A: 올 여름에 스페인에 가지 않을래?

B: 좋은 생각이야!

Check Point!

'~에 대해서 어떻게 생각하세요?'라고 상대방의 의견을 물어볼 때 가장 많이 쓰는 패턴은 두 가지예요. What do you think~?는 '~에 대해서 이성적으로 어떻게 판단하느냐'는 뉘앙스를 가지고 있고, How do you feel ~?은 '~에 대해서 감정적으로 어떻게 느끼느냐'는 뉘앙스를 가지고 있어요. 절대로 How do you think about ~라고 말하지 않도록 주의하세요.

★ 앞에서 배운 대화 내용입니다. 한글을 영어로 말해보세요. 잘 모르시겠다고요?
걱정마세요. 녹음이 있잖아요. 그리고 정답은 각 유닛에서 확인하세요.

01 A: 안녕하세요, **Tom.**
B: **Good morning, Jane.**

02 A: **Hi, Tom.** 어떻게 지내세요?
B: **Pretty good. How about you?**

03 A: **Hi, I'm Jane.** 만나서 반가워요.
B: **Hi, Jane, Pleasure to meet you. I'm Tom.**

04 A: **It's nice to see you again!** 오랜만이에요.
B: **Same here, Jane. How have you been?**

05 A: 아니 이게 누구야! **How are you, Jane?**
B: **Just fine, Tom. Good to see you again.**

06 A: 잘 있어, **Jane. Say hello to Tom.**
B: **I will. Say hello to Dick, too.**

07 A: **Thank you for helping me.**
B: 천만에요.

08 A: 늦어서 죄송해요.
B: **That's all right.**

09 A: **I am happy. I just heard I passed my exam.**
B: 축하해!

10 A: **I'm Jane White. I'm the new recruit here.**
B: **Hi, Jane.** 입사를 환영합니다! **I'm Paul Brown.**

11 A: 새해 복 많이 받으세요!
B: **I hope you'll have a better year.**

12 A: **Tom,** 전 지금 정말 기분이 좋아요.
B: **What makes you so happy, Jane?**

13 A: 아직도 나한테 화났어요?

    B: **It's okay now, I understand.**

14 A: 난 새드 앤딩은 싫어요.

    B: **So do I.**

15 A: **Let's go into the water.**

    B: **I can't.** 난 물이 무서워.

16 A: **What's wrong with you?** 오늘 너무 우울해 보이네.

    B: **I failed the English exam again.**

17 A: 참 잘 어울리는군요.

    B: **Thanks for your compliment.**

18 A: 저기요, 아주머니. **I think you dropped this.**

    B: **Oh, thanks a lot.**

19 A: **I'm proud of my job.**

    B: 그래요?

20 A: **I'm going to New York next week.**

    B: 어디에 간다고?

21 A: 질문 하나 해도 될까요?

    B: **Sure.**

22 A: 부탁 하나 해도 될까요?

    B: **Sure. What is it?**

23 A: 오늘밤 외식하러 갈까요?

    B: **Oh, I'd love to.**

24 A: 책상 옮기는 것 좀 도와줄래?

    B: **Yes, of course.**

25 A: 여기 커피 맛있는 것 같지 않니?

    B: **Yeah, here is gonna be my favorite place.**

PART

02

Expression

Nice~

화제 · 취미 · 여가
표현

지금 몇 시죠?

What time is it now?

윗 타임 이즈 잇 나우?

몇 시입니까?

Do you have the time?

두 유 햅 더 타임?

Do you have time?(시간 있어요)와 헷갈리지 않도록 주의!

몇 시쯤 됐을까요?

I wonder what time is it?

아이 원더 윗 타임 이즈 잇?

wonder 궁금하다, 궁금해 하다

시간 있으세요?

Have you got a minute?

햅 유 갓 어 미닛?

minute (시간 단위의) 분; 잠깐

시간이 없어요.

I'm in a hurry.

아임 인 어 허리.

in a hurry 서둘러, 급히

시계가 정확한가요?

Is your watch correct?

이즈 유얼 워치 커렉?

correct 맞는, 정확한

Mini Talk

녹음을 듣고 소리내어 읽어보세요?

A: **What time is it?**
윗 타임 이즈 잇?

B: **It's ten twenty-three.**
잇츠 텐 투웬티- 쓰리.

A: **What time is your lunch break?**
윗 타임 이즈 유얼 런치 브레익?

B: **It's from 12 to 1p.m.**
잇츠 프럼 트웰브 투 원 피엠.

A: 몇 시죠?

B: 10시 23분입니다.

A: 점심시간은 몇 시부터 몇 시까지예요?

B: 12시부터 오후 1시까지입니다.

Check Point!

시간, 요일, 연월일 등의 때에 관한 표현은 언제든 입에서 바로 나올 수 있도록 익혀두어야 해요. 시간을 물을 때는 What time is it now?(지금 몇 시죠?)이라고 합니다. 일상적인 회화에서는 대개 It's eight twenty-five.(8시 25분이야)라고 시간만 간단하게 말해요. 시간은 일반적으로 약식 표현을 많이 써요. 10:20 이런 식이죠. 오전은 a.m., 오후는 p.m.이에요.

Basic Expression

 듣기

오늘이 며칠이죠?

What's the date today?

윗츠 더 데잇 투데이?

date 날짜, (연)월일

오늘이 무슨 요일이죠?

What day is it today?

윗 데이 이즈 잇 투데이?

몇 월이죠?

What month is it?

윗 먼쓰 이즈 잇?

month (일 년 열두 달 중 한) 달, 월

거기는 오늘 며칠이에요?

What's the date today over there?

윗츠 더 데잇 투데이 오우버 데얼?

다른 나라에 있는 사람과 통화할 때 그 쪽은 며칠인지 물어보는 표현

생일이 언제예요?

When's your birthday?

웬즈 유얼 버쓰데이?

시험이 언제부터죠?

When does the exam start?

웬 더즈 디 이그젬 스탓?

start 시작하다

Mini Talk

 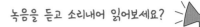

A: **What's the date today?**

윗츠 더 데잇 투데이?

B: **It's the third of March.**

잇츠 더 써드 옵 마치.

A: **What day is it today?**

윗 데이 이즈 잇 투데이?

B: **It is Monday.**

잇 이즈 먼데이.

A: 오늘이 며칠이죠?

B: 3월 3일이에요.

A: 오늘이 무슨 요일이죠?

B: 월요일이에요.

Check Point!

날짜를 표시할 때 미국에서는 월, 일, 연도 순이고, 영국에서는 일, 월, 연도의 순으로 조금 달라요. 월을 표기할 때는 August를 Aug. 식으로 주로 생략형을 쓰고, 날짜를 말하는 문장의 주어는 시간의 경우처럼 주로 it를 사용해요. 날짜를 물을 때는 보통 What's today's date?(오늘 며칠이에요?) / 요일을 물을 때는 What day is it today?(오늘 무슨 요일이에요?)예요.

Basic Expression

오늘 날씨 어때요?

How's the weather today?

하우즈 더 웨더 투데이?

weather 날씨, 기상, 일기

오늘은 날씨가 화창하군요.

It's a beautiful day today.

잇츠 어 뷰티플 데이 투데이.

beautiful 아름다운

이제 비가 그쳤습니까?

Has the rain stopped yet?

해즈 더 레인 스탑드 옛?

정말 너무 더워요.

It's terribly hot.

잇츠 테러블리 핫.

terribly 너무, 대단히

정말 춥네, 안 그래요?

It's freezing cold, isn't it?

잇츠 프리징 콜드, 이즌ㅌ 잇?

freezing cold 매섭게 추운

눈이 올 것 같아요.

It looks like snow.

잇 룩스 라익 스노우.

Mini Talk

녹음을 듣고 소리내어 읽어보세요?

A: **It's a lovely day, isn't it?**

잇츠 어 러블리 데이, 이즌ㅌ 잇?

B: **Yes, it is.**

예스, 잇 이즈.

A: **It's been gray all morning.**

잇츠 빈 그레이 올 모닝.

B: **The weatherman says it will rain tomorrow.**

더 웨더맨 쎄이즈 잇 윌 레인 터마로우.

A: 날씨가 아주 근사하네요, 안 그래요?

B: 그렇군요.

A: 아침에는 내내 흐렸는데요.

B: 일기 예보에 따르면 내일은 비 온대요.

Check Point!

날씨를 묻는 기본 질문은 How's the weather today?(오늘 날씨 어때요?)이
고, 기본적인 대답 형태는 It's fine.(맑아요.)이에요. 날씨에 따라 fine 자리에
cool(시원하다), cold(춥다), freezing(얼어붙을 것 같다), warm(따뜻하다),
hot(덥다), burning(무척 덥다), raining(비가 온다), snowing(눈이 내린다),
cloudy(날이 흐리다) 등을 넣어서 응용하면 되는 거죠.

Basic Expression

 듣기

국적이 어디세요?

What's your nationality?

윗츠 유얼 내셔낼러티?

nationality 국적

어디서 오셨어요?

Where did you come from?

웨얼 디쥬 컴 프럼?

어디서 자라셨어요?

Where did you grow up?

웨얼 디쥬 그로우 업?

서울 토박입니다.

I was born and bred in Seoul.

아이 워즈 본 앤 브레드 인 서울.

born and bred (…에서) 나고 자란, ~ 토박이인

나이가 어떻게 되세요?

How old are you?

하우 올드 알 유?

지금 어디 사세요?

Where do you live now?

웨얼 두 유 립 나우?

Mini Talk

녹음을 듣고 소리내어 읽어보세요?

A: **Where are you from?**

웨얼 알 유 프럼?

B: **I'm from Seoul.**

아임 프럼 서울.

A: **How old are you?**

하우 올드 알 유?

B: **I'm twenty-seven years old.**

아임 트웬티 세븐 이어즈 올드.

A: 어디서 오셨어요?

B: 서울에서요.

A: 몇 살이에요?

B: 스물일곱 살이에요.

Check Point!

처음 만난 사람과 이야기를 하다 보면 자연스럽게 고향, 국적, 나이, 생일, 종교 등 개인 신상에 관한 질문을 많이 하게 되죠. 하지만 상대방의 개인 신상에 관해서 너무 집요하게 묻다가는 Don't ask personal questions.(신상에 관한 질문은 그만하세요)라는 말을 듣게 될 수도 있어요. 우리와는 문화가 다르다는 것을 이해할 필요가 있답니다.

05 가족에 대해 말할 때

듣기

우리는 대가족입니다.

We have a large family.

위 햅 어 라지 패밀리.

소가족은 a little(= small) family, 핵가족은 a nuclear family

부모님과 함께 사세요?

Do you live with your parents?

두 유 립 윗 유얼 패어런츠?

parents 부모

아이들은 몇 명이나 됩니까?

How many children do you have?

하우 메니 칠드런 두 유 햅?

children 아이들; child의 복수

3살짜리 아들이 하나 있어요.

I have a 3-year-old boy.

아이 햅 어 쓰리 이어 올드 보이.

가족이 몇 분이세요?

How many people are there in your family?

하우 메니 피플 알 데얼 인 유얼 패밀리?

우린 네 식구예요.

There are four in my family.

데얼 알 포어 인 마이 패밀리.

82

Mini Talk

녹음을 듣고 소리내어 읽어보세요?

A: **How many are in your family?**

하우 메니 알 인 유얼 패밀리?

B: **We are a family of four.**

위 알 어 패밀리 옵 포어.

A: **What's your dad like?**

윗츠 유얼 대드 라익?

B: **He is warm-hearted person.**

히 이즈 웜 하터드 퍼슨.

A: 가족이 몇 명이야?

B: 우리 가족은 넷이야.

A: 네 아빠는 어떤 분이야?

B: 마음이 따뜻한 분이야.

Check Point!

가족 관계에 대한 기본적인 질문 몇 가지는 거의 정해져 있죠. How many people are there in your family?(가족이 몇이에요?) / Do you have any brothers and sisters?(형제자매가 있어요?) / How many children do you have?(아이들은 몇이에요?) / Does your wife work?(부인은 일하세요?) 참고로, 법적으로 맺어진 관계에는 –in -law를 사용해요.

학교에 대해 말할 때

학교는 어디서 다니셨어요?

Where did you go to school?

웨얼 디쥬 고우 투 스쿨?

go to school 학교에 다니다, 통학하다

어느 학교에 다니세요?

Where do you go to school?

웨얼 두 유 고우 투 스쿨?

위의 표현은 과거에 어느 학교를 다녔느냐고 묻는 것이고
이 표현은 지금 현재 어느 학교에 다니냐고 묻는 표현이다

몇 학년이세요?

What year are you in?

윗 이어 알 유 인?

우리는 같은 학교 나온 동문입니다.

We went to the same school.

위 웬ㅌ 투 더 쎄임 스쿨.

same 같은

대학교 때 전공이 무엇이었어요?

What was your major at college?

윗 워즈 유얼 메이저 앳 칼리지?

major (대학생의) 전공

어떤 학위를 가지고 계십니까?

What degree do you have?

윗 디그리 두 유 햅?

degree 학위

Mini Talk

A: **What school do you go to?**

윗 스쿨 두 유 고우 투?

B: **I'm attending NS High School.**

아임 어텐딩 엔에스 하이 스쿨.

A: **What grade are you in?**

왓 그레이드 알 유 인?

B: **I'm in the second grade.**

아임 인 더 세컨드 그레이드.

A: 어느 학교 다녀?

B: NS고등학교에 다녀.

A: 몇 학년이야?

B: 2학년이야.

Check Point!

개인 신상과 가족관계에 대해 묻고 나면 자연스럽게 학교 이야기로 이어지게 됩니다. 지금 어느 학교에 다니는지(Where do you go to school?) 또는 전에 어느 학교를 다녔는지(Where did you go to school?), 현재 몇 학년인지(What year are you in?), 전공이 무엇인지(What was your major at college?) 등의 기본적인 질문을 익혀두면 아주 유용할 거예요.

Basic Expression

학교생활은 재미있나요?

Do you have fun in school?

두 유 햅 펀 인 스쿨?

have fun 즐기다

나 또 지각이야.

I'm late for class again.

아임 레잇 풔 클래스 어겐.

be late for 시간에 늦다

시험을 망쳤어요.

I messed up on my test.

아이 메스트 업 온 마이 테슷.

mess up (~을) 엉망으로 만들다[다 망치다]

오늘은 수업이 없어요.

There is no class today.

데얼 이즈 노 클래스 투데이.

아르바이트 자리가 있나요?

Do you have a part time job?

두 유 햅 어 팟 타임 잡?

part time job 시간제 일; 부업, 아르바이트

게시판에 뭐라고 쓰여 있는 거예요?

What does the board say?

윗 더즈 더 보드 쎄이?

board 게시판

Mini Talk

녹음을 듣고 소리내어 읽어보세요?

A: **Why weren't you in class?**

와이 원ㅌ 유 인 클래스?

B: **Because I had a stomachache.**

비커즈 아이 햇 어 스텀에익.

A: **How were your finals?**

하우 워ㄹ 유얼 파이널즈?

B: **Awful! They were very difficult.**

오플! 데이 워ㄹ 베리 디피컬트.

A: 왜 수업에 오지 않았니?

B: 배탈이 나서.

A: 기말고사는 어땠어?

B: 엉망이야! 너무 어려웠어.

Check Point!

학교생활에 대한 화제는 정말 무궁무진하죠. 그럴수록 가장 흔히 쓰는 기본표현부터 차근차근 하나씩 배워야 해요. 툭하면 지각하는 사람들은 I'm late for class again.(또 지각이야), 수업이 취소되었을 땐 The class is canceled.(그 수업 취소됐어), 시험 끝나고 나면 꼭 이렇게 말하는 친구가 있죠. I messed up on my test.(시험 망쳤어)

듣기

어느 회사에 근무하세요?

What company are you with?

윗 컴퍼니 알 유 윗?

company 회사

어느 부서에서 근무하세요?

Which department do you work in?

위치 디파트먼ㅌ 두 유 워킨?

department (조직의 한) 부서, 부처, 학과

직책이 무엇입니까?

What's your job title?

윗츠 유얼 잡 타이틀?

job title 직책

어떤 일을 맡고 계세요?

What are you in charge of?

윗 알 유 인 차지 옵?

be in charge of ~을 담당하다

여기에서 얼마나 근무하셨어요?

How long have you worked here?

하우 롱 햅 유 웍트 히얼?

직장까지 얼마나 걸리죠?

How long does it take you to get to work?

하우 롱 더즈 잇 테익 유 투 겟 투 웍?

Mini Talk

녹음을 듣고 소리내어 읽어보세요?

A: **What company do you work for?**

윗 컴퍼니 두 유 웍 포?

B: **A trading company.**

어 트레이딩 컴퍼니.

A: **How long does it take to get to work?**

하우 롱 더즈 잇 테익 투 겟 투 웍?

B: **About forty minutes.**

어바웃 포티 미닛츠.

A: 어떤 회사에 다니세요?

B: 무역회사에 다녀요.

A: 출근하는 데 얼마나 걸려요?

B: 40분 정도요.

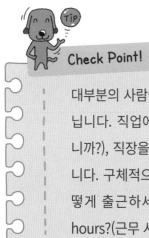

Check Point!

대부분의 사람들은 인생의 절반을 직장에서 생활한다고 해도 지나친 말은 아닙니다. 직업에 대해 물을 때는 What's your occupation?(직업이 무엇입니까?), 직장을 물을 때는 Where do you work?(어디서 근무하세요라고 합니다. 구체적으로 출퇴근에 대해 물을 때는 How do you get to work?(어떻게 출근하세요?), 근무에 대해 물을 때는 What are the regular work hours?(근무 시간이 어떻게 됩니까?)라고 말합니다.

89

언제 입사하셨어요?

When did you join the company?

웬 디쥬 조인 더 컴퍼니?

join 가입[입회/입사/가담]하다

근무 시간이 어떻게 됩니까?

What are your office hours?

윗 알 유얼 어피스 아워즈?

office hours (사무실의 일반적인) 근무[영업] 시간

몇 시에 퇴근하세요?

When do you get off?

웬 두 유 겟 오프?

punch out 퇴근하다

내일은 쉬어요.

I'll be off tomorrow.

아일 비 오프 터마로우.

당신 회사에서는 점심시간이 몇 시죠?

What time is lunch at your company?

윗 타임 이즈 런치 앳 유얼 컴퍼니?

저는 오늘밤 야근이에요.

I'm on duty tonight.

아임 온 듀티 투나잇.

on duty 당번인, 근무 중인

Mini Talk

녹음을 듣고 소리내어 읽어보세요?

A: Are you happy with your present job?

알 유 해피 윗 유얼 프레즌ㅌ 잡?

B: Yes, but I'm not always happy.

예스, 벗 아임 낫 올웨이즈 해피.

A: What are your working hours?

윗 알 유얼 워킹 아워즈?

B: I work from 9 to 6.

아이 웍 프럼 나인 투 식스.

A: 지금 직장에 만족하세요?

B: 네, 하지만 늘 그런 건 아니에요.

A: 근무 시간은 어떻게 돼요?

B: 9시부터 6시까지 근무해요.

Check Point!

How has work been?(회사 어때?)라고 물어보면 대개는 I do the daily grind.(단조로운 직장생활이야)라고 대답하죠. 직장생활처럼 단조로운 일과를 daily grind라고 하거든요. 회사 친구는 work friends, 일 때문에 받는 스트레스는 work stress예요. What time do you start work?(언제 출근해?) / What time do you get off work?(언제 퇴근해?)도 필수표현이에요.

거주지에 대해 말할 때

어디 사세요?

Where do you live?

웨얼 두 유 립?

그곳에서 얼마나 사셨어요?

How long have you lived there?

하우 롱 햅 유 립드 데얼?

주소가 어떻게 됩니까?

What's your address?

윗츠 유얼 어드레스?

address 주소

직장까지 시간이 얼마나 걸려요?

How long does it take you to get to work?

하우 롱 더즈 잇 테익 유 투 겟 투 웍?

전 아주 작은 도시에 살아요.

I live in a very small town.

아이 립 인 어 베리 스몰 타운.

town (city보다 작은) (소)도시, 읍

저는 고층 아파트에서 살아요.

I live in a high-rise apartment house.

아이 립 인 어 하이-라이즈 어파트먼트 하우스.

92

Mini Talk

녹음을 듣고 소리내어 읽어보세요?

A: **Where do you live?**

웨얼 두 유 립?

B: **I live in the suburbs of Seoul.**

아이 립 인 더 써법스 옵 서울.

A: **Do you live close to your work?**

두 유 립 클로우스 투 유얼 웍?

B: **Yes, it's only a block from my house to my work.**

예스, 잇츠, 오운리 어 블락 프럼 마이 하우스 투 마이 웍.

A: 어디 사세요?

B: 서울 근교에서 살아요.

A: 회사 가까이에 사나요?

B: 네, 집에서 직장까지 한 블록밖에 안 돼요.

Check Point!

어디 사는지, 주변에 뭐가 있는지 묻는 가장 기본적인 표현은 Where do you live?(어디에 사세요?)예요. Are you on your own?(혼자 사세요?) / Do you live in a house or an apartment?(단독 주택에서 사세요, 아파트에서 사세요?) 등으로 묻고 I live in Mapo.(마포에 살아요) / I live under my parent's roof.(부모님 집에서 살아요) 등으로 대답해요.

연애에 대해 말할 때

사귀는 사람 있니?

Are you seeing anyone?

알 유 씨잉 애니원?

우린 좋은 친구 사이야.

We're good friends.

위알 굿 프렌즈.

friend 친구

그녀는 그냥 친구야.

She's just a friend.

쉬즈 저슷 어 프렌드.

just 그냥, 단지

어떤 사람이 이상형이에요?

What's your type?

윗츠 유얼 타입?

type (특정한 성격이나 특징 등을 지닌) 사람, 타입

나랑 데이트할래?

Would you like to go out with me?

우쥬 라익 투 고우 아웃 윗 미?

go out with ~와 데이트를 하다[사귀다]

그들은 연애 중이죠?

Are they an item?

알 데이 언 아이템?

be an item 연애를 하다

Mini Talk

녹음을 듣고 소리내어 읽어보세요?

A: **Are you seeing anyone?**

알 유 씨잉 애니원?

B: **Not at the moment, unfortunately.**

낫 앳 더 모먼ㅌ, 언포처너틀리.

A: **I am asking you out to go watch movie.**

아이 앰 애스킹 유 아웃 투 고우 워치 무비.

B: **Are you asking me out?**

알 유 애스킹 미 아웃?

A: 사귀는 사람 있어요?

B: 불행히도 지금은 없어요.

A: 나랑 영화 보러 갈래요?

B: 나한테 데이트 신청하는 건가요?

 Check Point!

관심이 가는 상대에게 애인이 있는지 궁금할 때는 Do you have a girl[boy] friend?(여자[남자] 친구 있으세요?) / Are you seeing somebody?(사귀는 사람이 있으세요?)라고 물어보세요. 없다고 하면 What type of girl do you like?(어떤 타입 좋아해요?) / Would you introduce me to somebody?(누구 좀 소개시켜 줄래요?)라고 슬쩍 들이대보는 센스!

12 결혼에 대해 말할 때

듣기

나랑 결혼해 줄래?

Will you marry me?

윌 유 메리 미?

marry 다음에는 전치사가 오지 않는다

난 연애결혼하고 싶어요.

I'd like to marry for love.

아이드 라익 투 메리 풔 럽.

marry for love 연애결혼

그는 중매 결혼했어요.

He got married by arrangement.

히 갓 메리드 바이 어랜지먼ㅌ.

get married by arrangement 중매결혼을 하다

기혼이세요, 미혼이세요?

Are you married or single?

알 유 메리드 오어 싱글?

언제 결혼하셨어요?

When did you get married?

웬 디쥬 겟 메리드?

직접목적어가 없을 때에는 marry 보다는 get married를 쓴다

난 이혼했어요.

I'm divorced.

아임 디보스트.

divorce 이혼하다

Mini Talk

녹음을 듣고 소리내어 읽어보세요?

A: **Are you married?**

알 유 메리드?

B: **No, I'm not.**

노, 아임 낫.

A: **What type of man do you like?**

윗 타입 옵 맨 두 유 라익?

B: **I like a man with a sense of humor.**

아이 라익 어 맨 윗 어 센스 옵 휴머.

A: 결혼하셨어요?

B: 안 했습니다.

A: 어떤 타입의 남자를 좋아하세요?

B: 유머 있는 사람을 좋아해요.

Check Point!

'결혼'하면 떠오르는 말은 단연 Will you marry me?(나랑 결혼해 줄래요?)!
marry는 단어 자체가 '~와 결혼하다'라는 뜻이기 때문에 to를 붙일 필요가
없어요. 하지만 be[get] married to(~와 결혼하다)처럼 married라는 형태
로 쓸 때는 to를 붙여주세요. be married는 결혼해 있는 상태를 말하고, get
married는 결혼식, 결혼하는 동작 자체를 말한다는 것도 알아두세요.

취미가 뭐예요?

What are your hobbies?

윗 알 유얼 하비즈?

hobby 취미

취미로 무얼 하세요?

What do you do for fun?

윗 두 유 두 풔 펀?

for fun 재미로

난 온라인 채팅에 푹 빠져있어요.

I'm so into online chatting.

아임 쏘우 인투 온라인 채팅.

be into ~에 관심이 많다, ~을 좋아하다

난 인터넷 검색하는 거 좋아해요.

I like surfing the internet.

아이 라익 서핑 디 인터넷.

surf the Net/Internet 인터넷을 서핑[검색]하다

난 낚시에 관심 있어요.

I'm interested in fishing.

아임 인터레스팃 인 피싱.

전 물건들을 고치는 걸 즐겨요.

I enjoy fixing things.

아이 인조이 픽싱 씽즈.

fix 수리하다, 고치다

Mini Talk

녹음을 듣고 소리내어 읽어보세요?

A: **What are your hobbies?**
윗 알 유얼 하비즈?

B: **Well, I don't have a specific hobby.**
웰, 아이 돈트 햅 어 스피씨픽 하비.

A: **What do you do in your free time?**
왓 두 유 두 인 유얼 프리 타임?

B: **I watch TV in my free time.**
아이 워치 티비 인 마이 프리 타임.

A: 취미가 뭐야?

B: 글쎄, 난 특별한 취미가 없어.

A: 시간 날 때 뭐 해?

B: 시간 나면 TV 봐.

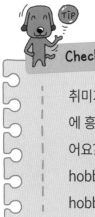

Check Point!

취미가 무엇인지 물을 때는 What is your hobby?(취미가 뭐예요?), 어떤 일에 흥미가 있는지 물을 때는 What are you interested in?(무엇에 흥미가 있어요?), 취미를 시작하게 된 계기를 물을 때는 What made you start your hobby?(어떻게 그 취미를 시작했어요?)라고 해요. 취미가 없다면 I have no hobbies in particular.(특별한 취미는 없어요)라고 대답하죠.

오락에 대해 말할 때

 듣기

나는 실내 게임은 못 합니다.

I'm not one for indoor games.

아임 낫 원 풔 인도어 게임스.

indoor games 실내 게임, 실내 오락

포커를 가르쳐 주시겠습니까?

Could you tell me how to play poker?

쿠쥬 텔 미 하우 투 플레이 포커?

좀 쉬운 게임 있어요?

Is there any easy games?

이즈 데얼 애니 이지 게임스?

easy 쉬운

핀볼게임 해 보셨어요?

Have you tried the pin-ball game?

햅 유 트라이드 더 핀-볼 게임?

칩을 현금으로 바꿔 주세요.

Cash my chips, please.

캐쉬 마이 칩스, 플리즈.

cash 현금으로 바꾸다

멋진 오락거리를 찾으세요?

Do you want some great entertainments?

두 유 원ㅌ 썸 그레잇 엔터테인먼츠?

Mini Talk

녹음을 듣고 소리내어 읽어보세요?

A: **Let's have a quiz.**

렛츠 햅 어 퀴즈.

B: **I'll tell you how to play.**

아일 텔 유 하우 투 플레이.

A: **Who wants to play first?**

후 원츠 투 플레이 퍼슷?

B: **You have three chances.**

유 햅 쓰리 챈서즈.

A: 퀴즈 게임하자.

B: 내가 게임 방법을 말해줄게.

A: 누가 먼저 할래?

B: 기회는 3번이야.

 Check Point!

요즘은 친구들과 함께 즐길 수 있는 오락이나 게임 종류가 정말 많아요. 실내 게임, 야외 게임 할 것 없이 취향이 비슷한 친구들끼리 모이면 시간가는 줄 모르죠. Let's play a game.(게임하자) / Do you like this game?(이 게임 좋아해?) / I'll tell you how to play.(게임방법을 설명해줄게) / Let me demonstrate.(내가 시범을 보여줄게) 등의 표현이 있어요.

Basic Expression

 듣기

책 많이 읽으세요?

Do you read many books?

두 유 리드 매니 북스?

read 읽다

책 읽을 시간이 없어요.

I have no time to read.

아이 햅 노우 타임 투 리드.

어떤 책을 좋아하세요?

What books do you like?

왓 북스 두 유 라익?

이 책 읽어보셨어요?

Have you read this book?

햅 유 렛 디스 북?

나는 역사소설을 좋아해요.

I like historical novels.

아이 라익 히스토리컬 나벌즈.

historical novel 역사 소설

오늘 신문 보셨어요?

Have you seen today's paper?

햅 유 씬 투데이즈 페이퍼?

paper 신문

 Mini Talk

녹음을 듣고 소리내어 읽어보세요?

A: **Who's your favorite author?**

후즈 유얼 페이버릿 어덜?

B: **I love Herman Hesse.**

아이 럽 헤르먼 헤세.

A: **Do you read many books?**

두 유 리드 메니 북스?

B: **I have no time to read these days.**

아이 햅 노우 타임 투 리드 디즈 데이즈.

A: 좋아하는 작가는 누구예요?

B: 헤르만 헤세를 무지 좋아해요

A: 책을 많이 읽나요?

B: 요즘은 책 읽을 시간이 없어요.

 Check Point!

책과 신문에 관한 이야기가 대화 주제로 오르는 일은 생각보다 꽤 흔해요. 일반적으로 많이 알려진 책 제목이나 독서에 관한 영어 표현들을 익혀둘 필요가 있는 거죠. 소설은 novel, story, fiction이라고 해요. extensive reading(광범위한 독서, 다독), intensive reading(집중적인 독서), page-turner(술술 넘어가는 책), head-scratcher(어려운 책) 등도 알아두세요.

103

Basic Expression

듣기

음악 좋아하세요?

Do you like music?

두 유 라익 뮤직?

music 음악

좋아하는 가수가 누구예요?

Who is your favorite singer?

후 이즈 유얼 페이버릿 씽어?

favorite 마음에 드는, 매우 좋아하는, 총애하는

저는 노래는 못해요.

I'm poor at singing.

아임 푸어 앳 씽잉.

poor at ~이 서투른, ~이 어설픈

전 음치예요.

I am tone-deaf.

아이 엠 톤-뎁.

be tone-deaf 음감이 없다

저는 그림 그리기를 좋아합니다.

I like painting.

아이 라익 페인팅.

이 그림에 대해 어떻게 생각하세요?

What do you think of this painting?

윗 두 유 씽크 옵 디스 페인팅?

Mini Talk

녹음을 듣고 소리내어 읽어보세요?

A: **What kind of music do you like?**

윗 카인드 옵 뮤직 두 유 라익?

B: **I love pop music.**

아이 럽 팝 뮤직.

A: **Who's your favorite singer?**

후즈 유얼 페이버릿 씽어?

B: **Zara Larsson! Have you ever heard of her song?**

자라 라슨! 햅 유 에버 허드 옵 헐 쏭?

A: 무슨 음악을 좋아하세요?

B: 팝을 좋아합니다.

A: 좋아하는 가수가 누구예요?

B: 자라 라슨! 노래 들어본 적 있어요?

 Check Point!

음악은 만국 공통어라고 하죠. 음악 얘기를 할 때 절대 빠질 수 없다면 음악 관련 영어표현을 미리 알아둬야 해요. a catchy tune은 듣다 보면 저절로 따라 부르게 되는 쉬운 멜로디, to have a great voice는 엄청 노래를 잘 부른다, a huge following은 팬이 아주 많다, a massive hits는 높은 판매량을 기록한 히트 앨범, taste in music은 음악적 취향을 뜻해요.

Basic Expression

 듣기

지금 텔레비전에서 뭐해요?

What's on TV?

윗츠 온 티비?

어떤 텔레비전 프로그램을 제일 좋아하세요?

Which program do you enjoy most?

위치 프로그램 두 유 인조이 모슷?

전 퀴즈쇼를 좋아해요.

I like to watch quiz shows.

아이 라익 투 워치 퀴즈 쇼우즈.

watch (시간과 관심을 기울이며) 보다

텔레비전 좀 켜 주시겠어요?

Could you turn on the television?

쿠쥬 턴 온 더 텔레비전?

turn on (라디오, TV, 전기, 가스 따위를) 켜다

어떤 영화를 좋아하세요?

What kind of movies do you like?

윗 카인드 옵 무비즈 두 유 라익?

movie 영화

얼마나 자주 영화 보러 가세요?

How often do you go to the movies?

하우 오픈 두 유 고우 투 더 무비즈?

often 자주, 흔히

Mini Talk

녹음을 듣고 소리내어 읽어보세요?

A: **How often do you watch TV?**

하우 오픈 두 유 워치 티비?

B: **I watch TV for two or three hours a day.**

아이 워치 티비 풔 투 오어 쓰리 아워즈 어 데이.

A: **Do you follow any TV dramas?**

두 유 팔로우 애니 티비 드라머즈?

B: **I watch some dramas regularly.**

아이 워치 썸 드라머즈 레귤러리.

A: 텔레비전을 얼마나 자주 보세요?

B: 하루에 두 세 시간씩 봐요.

A: 본방사수하는 TV 드라마가 있나요?

B: 챙겨보는 드라마가 몇 개 있어요.

Check Point!

취미 중에 빠질 수 없는 게 TV시청이죠. 전날 드라마를 놓쳤다간 친구들 얘기에 끼지도 못하잖아요. 물론 뉴스, 스포츠, 음악, 예능 등 챙겨 볼 것도 정말 많아요. TV 볼 때 필요한 표현들도 몇 가지 알아둬야 해요. What's on TV?(TV에서 뭐해?) / Where is the remote (control)?(리모콘 어디 있지?) / Change the channel.(돌려 봐)

Basic Expression

듣기

정말 맛있어요.

It's really good.

잇츠 리얼리 굿.

really (말하는 내용이나 의견 등을 강조하여) 정말로, 참으로

그건 건강에도 좋고 맛도 좋아요.

It's healthy and delicious.

잇츠 핼시 앤 딜리셔스.

healthy 건강한, 건강에 좋은 delicious 아주 맛있는

이건 맛이 별로 없어요.

This is flavorless.

디스 이즈 플레이버리스.

flavorless 풍미 없는

배불러요.

I'm stuffed.

아임 스텁트.

be stuffed 배가 부르다

그녀는 식성이 까다로워요.

She is a picky eater.

쉬 이즈 어 픽키 이더.

be a picky eater 식성이 까다롭다

어떤 음식을 좋아하세요?

What kind of food do you like?

왓 카인드 옵 풋 두 유 라익?

Mini Talk

녹음을 듣고 소리내어 읽어보세요?

A: **How does it taste?**

하우 더즈 잇 테이슷?

B: **It's really good.**

잇츠 리얼리 굿.

A: **This fish tastes a bit salty.**

디스 피쉬 테이스트스 어 빗 솔티.

B: **It smells so good.**

잇 스멜즈 쏘우 굿.

A: 맛이 어때요?

B: 정말 맛있어요.

A: 이 생선은 약간 짜요.

B: 냄새는 기가 막히네요.

Check Point!

사람들과 빨리 친해지려면 밥을 같이 먹으라는 말이 있어요. 밥을 먹다 보면 음식 얘기를 하게 되고, 같이 먹고 있는 음식 맛에 대해서도 이러고저러고 말하게 되죠. I eat a balanced diet.(골고루 잘 먹어요) / I like lean foods.(담백한 음식을 좋아해요) / I like my coffee strong.(진한 커피를 좋아해요) 등 자신의 식성에 대해서 미리 표현을 준비해두는 게 좋아요.

19 건강에 대해 말할 때

 듣기

컨디션은 어때요?

How do you feel?

하우 두 유 필?

건강은 어떠세요?

How is your health?

하우 이즈 유얼 헬쓰?

health (몸, 마음의) 건강

컨디션이 안 좋아요.

I'm not feeling well.

아임 낫 필링 웰.

난 건강해요.

I'm healthy.

아임 헬씨.

healthy 건강한, 건강에 좋은

건강해 보이시네요.

You look healthy.

유 룩 헬씨.

건강 조심하세요.

Take care of your health.

테익 케어롭 유얼 헬쓰.

Mini Talk

녹음을 듣고 소리내어 읽어보세요?

A: **How are you feeling today?**

하우 알 유 필링 투데이?

B: **I'm not feeling well.**

아임 낫 필링 웰.

A: **You need some break from time to time.**

유 닛 썸 브레익 프럼 타임 투 타임.

B: **I'm getting better.**

아임 게링 베러.

A: 오늘은 기분이 어떠세요?

B: 컨디션이 영 별로예요.

A: 가끔씩 쉬어야 해요.

B: 조금씩 좋아지고 있어요.

Check Point!

건강에 대한 관심이 높다 보니 사람들이 모인 자리에서는 건강에 대한 화제가 거의 빠지지 않습니다. 아플 때는 I'm not feeling well.(몸이 좋지 않아) / I feel sick.(몸이 아파) / I've got flu.(독감에 걸렸어) 등으로 표현하고, 아픈 사람에게는 How are you feeling?(기분이 어떠세요?)이라 묻고, I hope you feel better soon.(빨리 낫기를 바랄게)이라 격려해요.

Unit 20 운동이나 스포츠에 대해 말할 때

Basic Expression

운동하세요?

Do you work out?

두 유 워카웃?

work out (건강·몸매 관리 등을 위해) 운동하다

얼마나 자주 운동하세요?

How often do you exercise?

하우 오픈 두 유 엑서싸이즈?

건강을 위해 어떤 운동을 하세요?

What exercise do you do for your health?

윗 엑서싸이즈 두 유 두 풔 유얼 헬쓰?

운동하는 것을 좋아하세요?

Do you like playing sports?

두 유 라익 플레잉 스포츠?

스포츠라면 뭐든지 좋아합니다.

I like all kinds of sports.

아이 라익 올 카인즈 옵 스포츠.

그 경기 누가 이겼죠?

Who won the game?

후 원 더 게임?

won win(이기다) 의 과거, 과거분사

Mini Talk

녹음을 듣고 소리내어 읽어보세요?

A: **Do you play any sports?**

두 유 플레이 애니 스포츠?

B: **I go jogging.**

아이 고우 자깅.

A: **Do you often work out?**

두 유 오픈 워카웃?

B: **I work out regularly.**

아이 워카웃 레귤러리.

A: 무슨 운동 하는 거 있어요?

B: 난 조깅해요.

A: 운동을 자주 하세요?

B: 규칙적으로 운동해요.

Check Point!

일반적으로 운동이나 스포츠 경기에 대해 말할 때는 동사 play, do, go를 씁니다. play는 badminton, baseball, football, rugby처럼 공을 이용해서 팀을 이루어서 경쟁하는 운동이나 스포츠에 주로 사용하고, do는 에어로빅, 육상, 체조, 요가처럼 혼자 하는 스포츠나 운동에 사용하고, go는 주로 –ing 형태로 캠핑, 수영, 조깅처럼 어디 가서 하는 스포츠에 사용해요.

외모에 대해 말할 때

듣기

그 사람은 어떻게 생겼어요?

What's he like?

윗츠 히 라익?

키가 얼마나 돼요?

How tall are you?

하우 톨 알 유?

tall 키가 큰

몸무게가 얼마나 나가요?

How much do you weigh?

하우 머치 두 유 웨잇?

weigh 무게[체중]가 …이다

그는 뚱뚱해요.

He is fat.

히 이즈 팻.

fat 뚱뚱한

그녀는 키가 작고 말랐어요.

She is petite and slim.

쉬 이즈 페팃 앤 슬림.

petite 자그마한 slim 날씬한, 호리호리한

오늘 피곤해 보이네요.

You look tired today.

유 룩 타이엇 투데이.

look tired 피로한 빛이 보이다

Mini Talk

녹음을 듣고 소리내어 읽어보세요?

A: **What does he look like?**

윗 더즈 히 룩 라익?

B: **He's very good-looking.**

히즈 베리 굿 룩킹.

A: **How about his build?**

하우 어바웃 히즈 빌드?

B: **He's short height and stocky.**

히즈 숏 하잇 앤 스타키.

A: 그 사람은 어떻게 생겼어?

B: 엄청 잘 생겼어.

A: 체격은 어때?

B: 키가 작고 다부진 체격이야.

Check Point!

외모를 화제로 삼을 때는 상대방의 기분을 상할 말은 절대로 하지 말아야 해요. 대신 말 한마디로 천냥 빚을 갚는다고 칭찬은 얼마든지 좋죠. 멋지고 아름다운 여성에게 You're very beautiful.(정말 아름다워요), 잘생긴 남성에게 You're very handsome.(정말 미남이세요), 옷 잘 입는 사람에게 I like your style.(옷 스타일이 마음에 들어요.)이라고 칭찬해주자고요.

듣기

당신 참 멋지네요.

You are in style.

유 알 인 스타일.

in style 유행되는, 유행을 따르는

이건 너무 딱 맞아요.

This is too tight.

디스 이즈 투 타잇.

tight (옷이 몸에) 꽉 조이는[딱 붙는]

당신에게 참 잘 어울려요.

It looks good on you.

잇 룩스 굿 온 유.

패션 감각이 뛰어나시네요.

You have great taste in clothes.

유 햅 그레잇 테이슷 인 클로우즈.

taste in clothes 옷에 대한 취향[감각]

입고 있는 옷이 맘에 드네요.

I like the dress that you have on.

아이 라익 더 드레스 댓 유 햅 온.

그녀는 옷을 크게 입는 편이에요.

She wears loose-fitting clothes.

쉬 웨어즈 루즈-핏팅 클로우즈.

loose-fitting 몸에 딱 붙지 않는, 낙낙한

녹음을 듣고 소리내어 읽어보세요?

A: **How do I look in this suit?**

하우 두 아이 룩 인 디스 숫?

B: **It looks good on you.**

잇 룩스 굿 온 유.

A: **I dressed up for a special occasion.**

아이 드레스트 업 풔 어 스페셜 어케이전.

B: **I think you have wonderful taste in clothes.**

아이 씽크 유 햅 원더플 테이스트 인 클로우즈.

A: 이 양복 입으니 나 어때요?

B: 잘 어울려요.

A: 특별 행사를 위해 옷을 차려 입었어요.

B: 당신은 옷에 대한 특별한 감각이 있는 것 같아요.

Check Point!

새 옷을 입으면 자랑하고 싶잖아요. 계절이 바뀌어서 옷차림이 확 달라지거나 면접 등의 이유로 안 입던 정장을 입었을 때도 내 모습이 어떻게 보이는지 물어보고 싶죠. 외모에 각별히 신경 쓰는 사람들을 특별히 그루밍족(grooming)이라고 하고, 옷 잘 입는 멋쟁이 남자에게는 dandy하다는 표현을, 옷 잘 입는 사람들에게는 fashion plate라는 표현을 써요.

나는 낙천적이에요.
I'm optimistic.
아임 옵티미스틱.

optimistic 낙관적인, 낙관하는

그는 명랑해요.
He's cheerful.
히즈 치어플.

cheerful 발랄한, 쾌활한

그녀는 정직해요.
She's honest.
쉬즈 어니스트.

honest 정직한

그는 내성적이에요.
He's introverted.
히즈 인트러버팃.

introverted 내성적인, 내향적인

난 당신이 매우 유쾌하다고 생각해요.
I think you are very funny.
아이 씽크 유 알 베리 퍼니.

amusing 재미있는, 즐거운

난 현실주의자에 가까워요.
I'm more of a realist.
아임 모어 옵 어 리얼리슷.

realist 현실주의자

 Mini Talk

녹음을 듣고 소리내어 읽어보세요?

A: Do you make friends easily?

두 유 메익 프렌즈 이절리?

B: No, I don't. I'm shy.

노, 아이 돈ㅌ. 아임 샤이.

A: What's he like?

웟츠 히 라익?

B: He's outgoing.

히즈 아웃고우잉.

A: 친구를 쉽게 사귀는 편이세요?

B: 아뇨, 내성적이라서요.

A: 그 사람은 어때요?

B: 그는 외향적이에요.

 Check Point!

사람의 성격은 크게 내성적인 성격과 외향적인 성격으로 나뉘죠. 그래서 흔히 상대의 성격에 대해서 물을 때는 Are you extrovert or introvert?(성격이 외향적이에요, 내성적이에요?)라고 묻고, 스스로 내성적이라고 생각할 때는 I think I'm introvert.(내성적이에요)라고 하고, 외향적일 때는 I think I'm extrovert.(외향적이에요)라고 대답하면 됩니다.

듣기

무슨 종교를 믿습니까?

What is your religion?

윗 이즈 유얼 릴리전?

religion은 일반적인 의미의 종교와 특정한 종교를 다 포함한다

신을 믿으세요?

Do you believe in God?

두 유 빌립 인 갓?

believe (무엇이나 누구의 말이 진실임을) 믿다

저는 기독교 신자예요.

I'm a Christian.

아임 어 크리스천.

저는 천주교를 믿습니다.

I'm a Catholic.

아임 어 캐쓸릭.

저는 불교 신자입니다.

I'm a Buddhist.

아임 어 부디스트.

가까운 곳에 교회가 있나요?

Is there a church near here?

이즈 데얼 어 처치 니어 히얼?

near (거리상으로) 가까운

Mini Talk

녹음을 듣고 소리내어 읽어보세요?

A: Are you religious?

알 유 릴리저스?

B: No, I'm an atheist.

노, 아임 언 에이씨이스트.

A: I'm a Christian.

아임 어 크리스천.

B: Do you believe in life after death?

두 유 빌리브 인 라입 애프터 데쓰?

A: 종교를 가지고 있습니까?

B: 아니요, 저는 무신론자예요.

A: 저는 기독교 신자예요.

B: 당신은 사후 세계가 있다고 믿어요?

Check Point!

종교 이야기를 할 때는 전적으로 상대방의 종교를 존중해야 해요. 다른 종교를 비난하거나 공격하는 것은 절대 금물! Are you religious?(종교 있어요?) / What religion are you?(무슨 종교를 믿어요?)라고 물어요. 종교의 종류는 Atheist(무신론자), Christian(기독교), Muslim(이슬람교), Buddhist(불교), Sikh(시크교), Hindu(힌두교), Catholic(천주교) 등 다양해요.

여행에 대해 말할 때

 듣기

저는 여행하는 것을 좋아해요.

I am fond of traveling.

아이 엠 폰드 옵 트래블링.

be fond of ~을 좋아하다 travel 여행(하다)

여행은 마음을 넓혀줘요.

Travel broadens the mind.

트래블 브로든즈 더 마인드.

broaden (영향권이) 넓어지다, 넓히다

여행은 어땠어요?

How was your trip?

하우 워즈 유얼 트립?

trip (짧고, 관광이나 어떤 특정한 목적을 위한) 여행

저는 가족과 함께 여행하는 것을 좋아해요.

I enjoy traveling with my family.

아이 인조이 트래블링 윗 마이 패밀리.

enjoy 즐기다

해외여행을 하신 적이 있습니까?

Have you ever traveled overseas?

햅 유 에버 트래블드 오버씨즈?

oversea(s) (특히 바다로 분리된) 해외의, 외국의

해외여행은 이번이 처음입니다.

This is my first trip overseas.

디스 이즈 마이 퍼슷 트립 오버씨즈.

first 첫, 첫 (번)째의; 첫째

Mini Talk

녹음을 듣고 소리내어 읽어보세요?

A: **I am going on vacation next week.**

아이 엠 고우잉 온 버케이션 넥스트 윅.

B: **There is a mountain of travel information on the Internet these days.**

데얼 이즈 어 마운턴 옵 트레벌 인포메이션 온 디 인너넷 디즈 데이즈.

A: **I've set my itinerary.**

아입 셋 마이 아이티너레리.

B: **A highlight of any trip is eating delicious local food.**

어 하이라잇 옵 애니 트립 이즈 이딩 딜리셔스 로컬 푸드.

A: 나 다음 주에 휴가 가.

B: 요즘은 인터넷에 여행관련 정보들이 엄청 많아.

A: 일정 다 짰어.

B: 여행의 묘미는 맛있는 현지 음식을 먹는 거야.

Check Point!

여름휴가, 겨울방학, 설 연휴, 추석 연휴 등 휴가철마다 해외여행을 떠나는 사람들이 많아지면서, 이제는 해외여행이 사치가 아니라 생활의 한 부분이 된 것 같아요. 해외여행을 떠나기 전에 최소한 기본 용어는 알고 가자고요. Check-in(탑승 수속), departure time(출발 시간), Transfer(환승), Customs Declaration(세관 신고), Landing card/form(입국 신고서)

★ 앞에서 배운 대화 내용입니다. 한글을 영어로 말해보세요. 잘 모르시겠다고요?
걱정마세요. 녹음이 있잖아요. 그리고 정답은 각 유닛에서 확인하세요.

01 A: 몇 시죠?

B: **It's ten twenty-three.**

02 A: 오늘이 며칠이죠?

B: **It's the third of March.**

03 A: 날씨가 아주 근사하네요, 안 그래요?

B: **Yes, it is.**

04 A: 어디서 오셨어요?

B: **I'm from Seoul.**

05 A: 가족이 몇 명이야?

B: **We are a family of four.**

06 A: 어느 학교 다녀?

B: **I'm attending NS High School.**

07 A: 왜 수업에 오지 않았니?

B: **Because I had a stomachache.**

08 A: 어떤 회사에 다니세요?

B: **A trading company.**

09 A: 지금 직장에 만족하세요?

B: **Yes, but I'm not always happy.**

10 A: 어디 사세요?

B: **I live in the suburbs of Seoul.**

11 A: 사귀는 사람 있어요?

B: **Not at the moment, unfortunately.**

12 A: 결혼하셨어요?

B: **No, I'm not.**

13 A: 취미가 뭐야?

B: **Well, I don't have a specific hobby.**

14 A: 퀴즈 게임하자.

B: **I'll tell you how to play.**

15 A: 좋아하는 작가는 누구예요?

B: **I love Herman Hesse.**

16 A: 무슨 음악을 좋아하세요?

B: **I love pop music.**

17 A: 텔레비전을 얼마나 자주 보세요?

B: **I watch TV for two or three hours a day.**

18 A: 맛이 어때요?

B: **It's really good.**

19 A: 오늘은 기분이 어떠세요?

B: **I'm not feeling well.**

20 A: 무슨 운동 하는 거 있어요?

B: **I go jogging.**

21 A: 그 사람은 어떻게 생겼어?

B: **He's very good-looking.**

22 A: **How do I look in this suit?**

B: 잘 어울려요.

23 A: **Do you make friends easily?**

B: **No,** 내성적이라서요.

24 A: 종교를 가지고 있습니까?

B: **No, I'm an atheist.**

25 A: **I am going on vacation next week.**

B: 요즘은 인터넷에 여행관련 정보들이 엄청 많아.

125

PART

R

03

Expression

Please~

일상생활 · 여행
표현

Unit 01 길을 묻거나 알려줄 때

Basic Expression

실례합니다.

Excuse me.

익스큐즈 미.

여기가 어디예요?

Where am I?

웨얼 엠 아이?

가장 가까운 지하철역이 어디 있어요?

Where is the nearest subway station?

웨얼 이즈 더 니어리슷 썹웨이 스테이션?

약도를 좀 그려주시겠어요?

Could you draw me a map?

쿠쥬 드로우 미 어 맵?

draw (색칠은 하지 않고 연필 등으로) 그리다 map 지도

저도 여기는 처음이에요

I'm a stranger here myself.

아임 어 스트래인저 히얼 마이셀프.

stranger (어떤 곳에) 처음 온 사람 myself I의 재귀대명사

버스를 타세요.

Take the bus.

테익 더 버스.

Mini Talk

녹음을 듣고 소리내어 읽어보세요?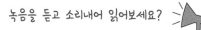

A: Could you tell me the way to the subway station?
쿠쥬 텔 미 더 웨이 투 더 썹웨이 스테이션?

B: Go along this street.
고우 어롱 디스 스트릿.

A: How far is it from here?
하우 파 이즈 잇 프럼 히얼?

B: I'm going in the same direction. Just follow me.
아임 고우잉 인 더 쎄임 디렉션. 저슷 팔로우 미.

A: 지하철역으로 가는 길을 가르쳐 주시겠어요?
B: 이 길을 따라 가세요.
A: 여기서 얼마나 멀어요?
B: 저도 같은 방향으로 갑니다. 그냥 절 따라 오세요.

Check Point!

외국에서 길을 물을 때는 가능하면 경찰이나 관광안내소에 가서 물어보는 게 좋아요. 세상 모든 나라가 우리나라처럼 치안상태가 좋은 건 아니니까요. 급하게 걸어가는 사람보다는 천천히 걷는 사람에게 묻는 것이 좋지만, 지나치게 친절한 사람은 좀 경계해야 해요. 말을 걸 때는 Excuse me.(실례합니다)로 시작하고 Thank you.(감사합니다)라고 인사하는 거 잊지 마세요.

택시를 탈 때

듣기

택시를 불러 주시겠어요?

Could you call me a taxi?

쿠쥬 콜 미 어 택시?

call (전화를 걸어) 부르다, 오라고 하다

공항으로 가주세요.

Please take me to the airport.

플리즈 테익 미 투 디 에어폿.

airport 공항

얼마나 걸리죠?

How long does it take?

하우 롱 더즈 잇 테익?

다음 모퉁이에서 왼쪽으로 도세요.

Turn left at the next corner.

턴 랩트 앳 더 넥스트 코너.

turn left 좌측으로 돌다 turn right 우측으로 돌다

여기서 세워주세요.

Stop here, please.

스탑 히얼, 플리즈.

Stop here.(여기서 세워)라는 명령형 문장에 please를 붙이면 부탁 표현이 된다

요금이 얼마죠?

What's the fare?

윗츠 더 패어?

fare (교통) 요금

Mini Talk

녹음을 듣고 소리내어 읽어보세요?

A: **Where to, sir?**

웨얼 투, 써ㄹ?

B: **To Seoul station, please.**

투 서울 스테이션, 플리즈.

A: **Let me take care of your luggage.**

렛 미 테익 케어롭 유얼 러기지.

B: **Thank you, but I'd rather keep this care with me.**

땡큐, 벗 아이드 래더 킵 디스 케어 윗 미.

A: 어디로 모실까요?

B: 서울역으로 가주세요.

A: 짐을 실어드릴게요.

B: 고맙습니다만, 제가 들고 탈게요.

Check Point!

시간에 맞춰가야 하는데 늦었거나 길을 영 모르겠을 때는 택시를 이용하는 게 여러 모로 편리해요. 영어가 서툴러도 목적지의 주소나 이름(무슨 백화점 등으로)을 적어서 택시기사에게 주면 됩니다. 사람이 많을 때나 큰 짐이 있을 때는 추가요금을 받는 경우도 있으니 미리 요금협상을 해두는 게 좋아요. 내 릴 때는 요금의 15% 정도를 팁으로 더 줘야 해요.

이 버스 공항에 갑니까?

Does this bus go to the airport?

더즈 디스 버스 고우 투 디 에어폿?

다음 정거장은 어디예요?

What's the next stop?

윗츠 더 넥슷 스탑?

버스를 잘못 탔어요.

I took the wrong bus.

아이 툭 더 롱 버스.

이어서 Please let me out.(내려주세요)라고 외치면 끝!

내릴 곳을 놓쳤어요.

I missed my stop.

아이 미스트 마이 스탑.

run에는 '(버스, 기차 등이 특정 노선으로) 운행하다[다니다]'라는 뜻도 있다

뉴욕행 버스는 얼마나 자주 운행되나요?

How often do the buses run to New York?

하우 오픈 두 더 버시즈 런 투 뉴욕?

이 버스는 타임스퀘어에서 섭니까?

Does this bus stop at Time Square?

더즈 디스 버스 스탑 앳 타임 스퀘어?

 Mini Talk

녹음을 듣고 소리내어 읽어보세요?

A: **Excuse me. Where is the bus stop?**

익스큐즈 미. 웨얼 이즈 더 버스 스탑?

B: **It's just across the street.**

잇츠 저슷 어크로스 더 스트릿.

A: **Which bus goes to the airport?**

위치 버스 고우즈 투 디 에어폿?

B: **Take bus number 60.**

테익 버스 넘버 씩스티.

A: 실례합니다. 버스 정류장이 어디 있나요?

B: 바로 길 건너편에 있어요.

A: 어떤 버스가 공항에 가나요?

B: 60번 버스를 타세요.

 Check Point!

시내를 관광할 때는 시내버스를 이용하는 것이 값도 싸고 편리해요. 특별히 시내투어를 하는 버스도 있고요. 관광안내소 등에서 노선도를 받아두면 이동할 때마다 유용하게 쓸 수 있어요. 미국에서는 요금을 직접 요금함에 넣는 경우가 대부분이고, 거스름돈을 받을 수 없으니까 동전을 미리 준비해야 해요. 런던의 유명한 2층버스는 뒷문으로 타고 차장에게 요금을 냅니다.

듣기

지하철 노선도를 얻을 수 있을까요?

Can I have a subway map?

캔 아이 햅 어 썹웨이 맵?

subway map 지하철 노선도

이 근처에 지하철역이 있습니까?

Is the subway station near here?

이즈 더 썹웨이 스테이션 니어 히얼?

subway station 지하철역

표는 어디서 살 수 있습니까?

Where can I buy a ticket?

웨얼 캔 아이 바이 어 티킷?

buy 사다

어느 선이 센트럴 파크로 갑니까?

Which line goes to Central Park?

위치 라인 고우즈 투 센츄럴 팍?

맨하탄에 가려면 어디서 갈아탑니까?

Where do I have to change for Manhattan?

웨얼 두 아이 햅 투 체인지 풔 맨해튼?

공항까지 정거장이 몇 개 있어요?

How many stops is it to the Airport?

하우 매니 스탑스 이즈 잇 투 디 에어폿?

134

Mini Talk

녹음을 듣고 소리내어 읽어보세요?

A: **May I have a subway route map?**

메이 아이 햅 어 썹웨이 루트 맵?

B: **Certainly. Here you are.**

서튼리. 히얼 유 알.

A: **Where is the ticket machine?**

웨얼 이즈 더 티킷 머신?

B: **It's over there.**

잇츠 오우버 데얼.

A: 지하철 노선도를 주시겠어요?

B: 물론이죠. 여기 있습니다.

A: 매표기는 어디 있어요?

B: 저쪽에 있습니다.

Check Point!

지하철은 미국에서는 subway, 런던에서는 underground 또는 tube라고 불러요. 요즘은 웬만한 나라에는 다 지하철이 발달해 있어서 버스보다 훨씬 수월하게 이용할 수 있죠. 교통체증도 없고 값도 싸고 노선도만 갖고 있으면 원하는 곳 어디로든 큰 불편 없이 찾아갈 수 있어요. 관광안내소 등에서 노선도를 꼭 받아서 탈 때마다 노선, 환승역, 하차역을 미리 확인하세요.

열차를 탈 때

듣기

매표소가 어디 있어요?

Where is the ticket office?

웨얼 이즈 더 티킷 어피스?

ticket office 매표소

이 열차가 시카고행 열차예요?

Is this going to Chicago?

이즈 디스 고우잉 투 시카고?

열차가 얼마나 자주 옵니까?

How often does the train come?

하우 오픈 더즈 더 트레인 컴?

How often 몇 번[차례], 얼마만큼 자주

이 기차 그 역에서 정차합니까?

Does this train stop at the station?

더즈 디스 트레인 스탑 앳 더 스테이션?

별도의 요금을 내야 합니까?

Do I have to pay an extra charge?

두 아이 햅 투 페이 언 엑스트라 차지?

extra charge 할증요금, 추가요금

식당차는 있습니까?

Does the train have a dining car?

더즈 더 트레인 햅 어 다이닝 카?

dining car 식당차

Mini Talk

녹음을 듣고 소리내어 읽어보세요?

A: Which platform is for London?

위치 플래폼 이즈 풔 런던?

B: Platform 2.

플래폼 투.

A: Can I get a seat on today's 3:30 p.m. train?

캔 아이 겟 어 씻 온 투데이즈 쓰리 써티 피엠 트레인?

B: I'm sorry. It's already full.

아임 쏘리. 잇츠 올레디 풀.

A: 런던으로 가려면 어느 승강장으로 가야 해요?

B: 2번 플랫폼요.

A: 오늘 오후 3시 30분 좌석 있나요?

B: 죄송해요. 벌써 꽉 찼어요.

Check Point!

미국, 캐나다, 호주, 특히 유럽 등지에서는 열차여행이 아주 유명해요. 아름다운 관광지를 따라 며칠씩 열차를 타고 가는 여행상품으로 특화되어 있는 경우도 많고요. 장거리 여행을 할 때는 버스를 이용하는 것이 불편하기도 하고 요금도 무척 비싸기 때문에 열차를 이용하는 게 여러 모로 좋아요. 편안하게 경치를 즐기면서 여행하기에는 정말 딱이죠.

탑승 수속은 언제 하죠?

When should I check in?

웬 슛 아이 체크 인?

check in 탑승[투숙] 수속을 밟다, 체크인하다

창문옆 좌석을 주세요.

Please give me a window seat.

플리즈 깁 미 어 윈도우 씻.

출발 시간이 언제죠?

When does this airplane take off?

웬 더즈 디스 에어플레인 테익 오프?

take off (항공기가) 이륙하다[날아오르다]

비행기를 타러 어디로 가죠?

Where is the gate for this flight?

웨얼 이즈 더 게이트 풔 디스 플라잇?

이건 가지고 들어갈 수 있어요?

Can I carry this with me?

캔 아이 캐리 디스 윗 미?

carry 휴대하다, 가지고 다니다

제 자리는 어디죠?

Where's my seat, please?

웨얼즈 마이 씻, 플리즈?

Mini Talk

녹음을 듣고 소리내어 읽어보세요?

A: # Can I see your ticket, please?
캔 아이 씨 유얼 티킷, 플리즈?

B: # Yes, here it is.
예스, 히얼 잇 이즈.

A: # How many carry-on bags are you taking with you?
하우 메니 캐리-온 배그즈 알 유 테이킹 윗 유?

B: # Two.
투.

A: 탑승권을 보여 주시겠어요?

B: 네, 여기 있습니다.

A: 기내 휴대용 가방은 몇 개인가요?

B: 두 개요.

Check Point!

비행기 예약은 적어도 출발하기 72시간 전에는 반드시 재확인해야 해요. 누구라도 비행기는 당연히 예약을 해두죠. 한 달 전에 했든 일주일 전에 했든 아무튼 비행기 예약은 무조건 출발하기 전에 항공사에 다시 확인해야 해요. 그런 걸 reconfirm이라고 하죠. 왠지는 몰라도 비행기 예약이 자동으로 취소되거나 예약이 제대로 되어 있지 않은 경우가 꽤 있거든요.

자동차를 운전할 때

차를 빌리고 싶어요.

I'd like to rent a car.

아이드 라익 투 렌터 카.

rent a car 자동차를 빌리다

여기에 주차해도 될까요?

Can I park here?

캔 아이 팍 히얼?

park 주차하다

차가 시동이 안 걸려요.

This car doesn't work.

디스 카 더즌ㅌ 웍.

가득 넣어주세요.

Fill it up, please.

필 잇 업, 플리즈.

타이어가 펑크 났어요.

I had a flat tyre.

아이 햇 어 플랫 타이어.

a flat tyre 펑크 난 타이어

다음 휴게소까지 얼마나 멀어요?

How far is it to the next services?

하우 파 이즈 잇 투 더 넥슷 써비시스?

How far (거리·정도가) 어디까지, 어느 범위까지

Mini Talk

녹음을 듣고 소리내어 읽어보세요?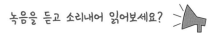

A: **Please fasten your seatbelt.**

플리즈 패슨 유얼 씻벨트.

B: **We have to make a U-turn now.**

위 햅 투 메익 어 유턴 나우.

A: **Let's change lanes.**

렛츠 체인지 레인즈.

B: **We have to signal to change lanes.**

위 햅 투 시그널 투 체인지 레인즈.

A: 안전벨트 매세요.

B: 이제 유턴해야 해요.

A: 차선을 바꿉시다.

B: 차선 바꾸려면 깜박이를 켜야 해요.

Check Point!

차를 빌려서 여행할 생각이라면 미국이나 유럽에서는 운전에 대해 아주 엄격한 기준을 적용한다는 사실을 명심해야 해요. 미국에서는 스쿨버스에서 어린이들이 승하차하는 동안 뒷차는 무조건 기다려야 하고, 중앙분리대가 없는 도로라면 맞은편에서 오는 차들도 모두 서야 하죠. 주차금지 구역에 차를 세우면 바로 끌고 가버리고 바퀴를 잠가버리는 나라도 있거든요.

1인실 빈 방 있어요?

Do you have a single available?

두 유 햅 어 싱글 어베일러블?

available 구할[이용할] 수 있는

더 싼 방은 없나요?

Is there anything cheaper?

이즈 데얼 애니씽 치퍼?

cheaper 값이 더 싼 (cheap < cheaper < cheapest)

이 방으로 하겠습니다.

I'll take this room.

아일 테익 디스 룸.

1박에 얼마예요?

How much for a night?

하우 머치 풔 어 나잇?

요금에 아침식사 포함인가요?

Is breakfast included?

이즈 블렉퍼숫 인클루디드?

include 포함하다(진행형으로는 쓰지 않는다)

체크인 하고 싶은데요.

I'd like to check in, please.

아이드 라익 투 체킨, 플리즈.

Mini Talk

녹음을 듣고 소리내어 읽어보세요?

A: **Do you have a room available tonight?**

두 유 햅 어 룸 어베일러블 투나잇?

B: **What kind of room would you like?**

윗 카인드 옵 룸 우쥬 라익?

A: **What's the rate per night?**

윗츠 더 레잇 퍼 나잇?

B: **The rate for a single room is $60 a night.**

더 레잇 풔 어 싱글 룸 이즈 식스티 달러즈 어 나잇.

A: 오늘 밤 쓸 수 있는 방 있어요?

B: 어떤 방을 드릴까요?

A: 하룻밤에 얼마예요?

B: 싱글룸은 하룻밤에 60달러예요.

Check Point!

호텔의 체크인 시각은 보통 오후 2시부터예요. 호텔 도착 시간이 예정보다 늦어질 때는 예약이 취소되는 경우도 있으니까 늦어질 것 같으면 미리 호텔에 전화해서 도착시간을 알려두는 것이 좋아요. 해외여행을 하다 보면 비행기 연착이니 뭐니 해서 시간을 맞추지 못하는 경우가 많이 발생하니까요. 체크인할 때는 방의 형태, 설비, 요금, 체재 예정 등을 꼭 확인하세요.

Basic Expression

듣기

메뉴판 좀 주세요.

May I see the menu?

메이 아이 씨 더 메뉴?

이 음식은 뭐예요?

What's this dish?

윗츠 디스 디쉬?

dish (식사의 일부로 만든) 요리

특별 메뉴가 있나요?

Do you have any specials?

두 유 햅 애니 스페셜즈?

special 특별한 것, 특별 상품

주문 받으세요.

Can you take our order, please?

캔 유 테익 아워 오더, 플리즈.

order 주문(하다)

빵을 더 주문할 수 있을까요?

Could we have some more bread?

쿳 위 햅 썸 모어 브래드?

could나 would를 쓰면 더 정중한 표현이 된다

계산서 좀 갖다 주시겠어요?

May I have the check, please?

메이 아이 햅 더 첵, 플리즈?

Mini Talk

녹음을 듣고 소리내어 읽어보세요?

A: **How would you like your steak done?**

하우 우쥬 라익 유얼 스테익 던?

B: **Well done, please.**

웰 던, 플리즈.

A: **Would you like to have a drink first?**

우쥬 라익 투 햅 어 드링크 퍼숫?

B: **I'd like to have a wine first.**

아이드 라익 투 햅 어 와인 퍼숫.

A: 스테이크를 어떻게 해드릴까요?

B: 완전히 익혀 주세요.

A: 음료부터 먼저 드시겠습니까?

B: 와인 먼저 주세요.

Check Point!

외국 식당에서 영어로 식사를 주문하려면 특정 단어와 표현들을 알아야 하고 주문할 때도 예의를 갖추는 것이 중요해요. 대부분의 영어 원어민들은 주문하기 전에 반드시 먼저 인사를 하고 음식을 주문할 때도 I want ~.(~주세요) 라고 하지 않고 Can I get ~(~를 주문할 수 있을까요?)라고 해요. 달라고 요구하는 게 아니라 줄 수 있느냐고 물어보는 거죠.

커피 한 잔 어때요?

How about a cup of coffee?

하우 어바웃 어 커폽 커피?

커피 한잔 하면서 좀 쉽시다.

Let's break for a cup of coffee.

렛츠 브레익 풔 어 커폽 커피?

break for ~을 위해 잠시 쉬다

술 한 잔 어때요?

How about a drink?

하우 어바웃 어 드링크?

coffee, water, beer 등의 물질명사는 원래 단위로 세야 하지만
편의상 a drink, two coffee 등으로 표현한다.

맥주 한 잔 할래요?

Would you like a beer?

우쥬 라익 어 비어?

Would you like ~? ~하시겠습니까?

전 그렇게 술을 많이 마시는 사람은 아니에요.

I'm not such a big drinker.

아임 낫 서치 어 빅 드링커.

a big eater / spender 많이 먹는 사람 / 돈을 많이 쓰는 사람

건배!

Cheers!

치어즈!

Bottoms up!은 '원 샷!' 느낌의 건배 제안 표현

Mini Talk

녹음을 듣고 소리내어 읽어보세요?

A: Hi. How are you doing?

하이. 하우 알 유 두잉?

B: Hello. I'd like a small latte, please.

헬로. 아이드 라익 어 스몰 라떼, 플리즈.

A: Is that for here or to go?

이즈 댓 풔 히얼 오어 투 고우?

B: For here, please.

포 히얼, 플리즈.

A: 안녕하세요? 어서 오세요.

B: 안녕하세요. 라떼 작은 거 하나 주세요.

A: 여기서 드실 거예요, 가져가실 거예요?

B: 여기서 먹고 갈 거예요.

Check Point!

북미에서 liquor는 보통의 주류(alcoholic beverages)를 가리키고, Alcohol 은 맥주(beer), 와인(wine), 화주(스피릿, spirits)의 주성분이기도 하고, 병원 에서 소독용으로 사용하는 알코올이기도 해서 술과 관련해서는 Alcohol이라 는 단어를 잘 사용하지 않아요. 맥주(beer)는 brew, brewsky, a cold one이 라고도 해요. Would you like a brew?(맥주 좋아하세요?)

시내 투어는 있습니까?

Is there a city tour?

이즈 데얼 어 씨티 투어?

a city tour는 도시의 건물이나 유적지 등을 둘러보는 관광을 말한다

무료 시내지도는 있나요?

Do you have a free city map?

두 유 햅 어 프리 씨티 맵?

free에는 no payment(무료의)라는 뜻도 있다

민박 목록은 있어요?

Do you have a list of B&Bs?

두 유 햅 어 리슷 옵 비앤비즈?

B&Bs: bed and breakfasts

꼭 구경해야 할 곳을 몇 군데 가르쳐 주세요.

Please tell me some of the places I should visit.

플리즈 텔 미 썸 옵 더 플레이스 아이 슛 비짓.

도시를 둘러보는 가장 좋은 방법은 뭐예요?

What's the best way of seeing around the city?

윗츠 더 베슷 웨이 옵 씨잉 어라운 더 씨티?

개인당 비용은 얼마입니까?

What's the rate per person?

윗츠 더 레잇 퍼 퍼슨?

per 각 ~에 대하여, ~마다 per person 1인당

Mini Talk

녹음을 듣고 소리내어 읽어보세요?

A: **Do you have any brochures on local attractions?**

두 유 햅 애니 브로슈어즈 온 로컬 어트렉션스?

B: **Sure, here it is.**

슈어, 히얼 잇 이즈.

A: **What's the best way of getting around the city?**

왓츠 더 베슷 웨이 옵 게링 어라운 더 씨티?

B: **Try the city tour bus.**

트라이 더 씨티 투어 버스.

A: 지역 명소에 관한 안내책자 같은 거 있어요?

B: 그럼요, 여기 있습니다.

A: 도시를 둘러보는 가장 좋은 방법은 뭐예요?

B: 시내관광버스를 타보세요.

Check Point!

관광의 첫걸음은 관광안내소에서 시작됩니다. 관광안내소에서는 시내 볼거리 소개부터 버스정류장, 주변 관광지 교통안내, 지역별 명물·명산품, 숙박시설 안내, 관광상품 안내 등 관광에 필요한 여러 가지 서비스를 제공하고 있고 대개 영어가 가능한 직원이 항상 대기하고 있어요. 무료 시내지도, 대체로 지하철 노선도, 버스 노선도 등은 반드시 얻어두세요.

듣기

저게 뭐죠?

What is that?

윗 이즈 댓?

가장 단순하고 쉬운 질문 표현이다

저게 뭔지 아세요?

Do you know what that is?

두 유 노우 윗 댓 이즈?

저기 있는 저 동상은 뭐죠?

What's that statue over there?

윗츠 댓 스태츄 오버 데얼?

statue 조각상, 세상에서 가장 유명한 조각상은아마도 자유의 여신상(Statue of Liberty)?

이 건물은 왜 유명하죠?

What is this building famous for?

윗 이즈 디스 빌딩 페이머스 풔?

famous for ~으로 유명한

정말 아름다운 경치네요!

What a beautiful sight!

윗 어 뷰티플 싸잇!

How beautiful it is!라고 표현할 수도 있다

전망이 기가 막히네요!

What a fantastic view!

윗 어 팬태스틱 뷰!

a fantastic view 굉장한 경관

150

Mini Talk

녹음을 듣고 소리내어 읽어보세요?

A: **How long does this tour take?**
하우 롱 더즈 디스 투어 테익?

B: **It'll take about 4 hours.**
잇일 테익 어바웃 포어 아워즈.

A: **Are there any historical sites?**
알 데얼 애니 히스토리컬 싸잇스?

B: **Here is a center of culture and art.**
히얼 이즈 어 센터 옵 컬처 앤 아트.

A: 이 코스를 여행하는 데 시간이 얼마나 걸려요?

B: 대략 4시간 정도 걸릴 거예요.

A: 사적지가 있나요?

B: 여기는 문화와 예술의 중심지예요.

Check Point!

어느 나라에 가든 유명한 미술관이나 박물관은 필수코스죠. 계획을 세우기 전에 먼저 휴관일을 알아보고, 요일에 따라서 개관을 연장하거나 입장료가 달라지는 곳도 있으니까 가이드북을 보고 미리 확인하세요. 교회나 성당 등 종교와 관련된 곳을 방문할 때는 옷차림에 신경을 써야 해요. 반바지나 슬리퍼, 노출이 심한 옷차림 등으로는 들어가지 못하는 곳도 있어요.

듣기

입장료는 얼마예요?

How much is the admission fee?

하우 머치 이즈 디 어드미션 피?

admission fee 입장료

어른 두 장 주세요.

Two adults, please.

투 어덜츠, 플리즈.

I'll take two adult tickets, please. 등으로 말해야 하지만
회화에서는 편의상 간편하게 줄여 말하는 일이 흔하다

오후 6시에 폐관합니다.

The closing time is 6 p.m.

더 클로징 타임 이즈 씩스 피엠.

closing time (상점 등의) 문 닫는[마감] 시간, (박물관 등의) 폐관 시간

이 입체 전시물들 대단하지 않아요?

Aren't these dioramas excellent?

안ㅌ 디즈 다이어라머즈 엑셀런트?

dioramas 디오라마(특히 박물관의 입체 모형)

만지지 마세요.

Don't touch it.

돈ㅌ 터치 잇.

박물관이나 미술관 등에서 흔히 마주치게 되는 표현이다

피카소 작품은 어디 있어요?

Where are the works of Picasso?

웨얼 알 더 웍스 옵 피카소우?

work 작품N

Mini Talk

녹음을 듣고 소리내어 읽어보세요?

A: **What musical is on now?**

윗 뮤지컬 이즈 온 나우?

B: **The Phantom of the Opera is on now.**

더 팬텀 옵 디 아퍼러 이즈 온 나우.

A: **What time?**

윗 타임?

B: **At 4 and 8 o'clock.**

앳 포어 앤 에잇 어클락.

A: 지금 무슨 뮤지컬 상영 중이에요?

B: 오페라의 유령 상영 중입니다.

A: 공연은 몇 시예요?

B: 4시와 8시에 있습니다.

Check Point!

뮤지컬, 연극, 콘서트 등의 정보는 그 도시의 정보지, 호텔의 인포메이션, 관광안내소에서 찾아볼 수 있어요. 예매를 해두는 것이 좋지만 미국이나 유럽의 대도시에서는 당일권을 반액으로 파는 경우도 있으니 참고하세요. How long does the concert to last?(공연 시간은 얼마나 돼요?) / Is this program free?(이 안내책자는 무료인가요?)

여기서 사진 찍어도 되나요?

Can I take a picture here?

캔 아이 테익 어 픽처 히얼?

박물관이나 미술관에서는 꼭 물어봐야 한다

여기서 플래시를 사용해도 되나요?

May I use a flash here?

메이 아이 유즈 어 플래쉬 히얼?

플래시 사용을 금지하는 곳이 많으니 미리 물어봐야 한다

사진 좀 찍어 주시겠어요?

Could you take a picture of me, please?

쿠쥬 테익 어 픽처 옵 미, 플리즈?

이 버튼만 누르세요.

Just press this button.

저슷 프레스 디스 버튼.

press 누르다 button (기계를 작동시키기 위해 누르는) 버튼[단추]

같이 사진 찍어도 될까요?

Can I take a picture with you?

캔 아이 테익 어 픽처 윗 유?

현지인과 사진을 찍고 싶을 때 쓸 수 있는 표현이다

셀카 찍자.

Let's take a selfie.

렛츠 테익 어 셀피.

selfie 자기 모습을 스스로 찍은 사진을 말하는 신조어

Mini Talk

녹음을 듣고 소리내어 읽어보세요?

A: Could you take our picture?

쿠쥬 테익 아워 픽처?

B: Sure.

슈얼.

A: Could you take a photo vertically?

쿠쥬 테익 어 포토 버티컬리?

B: OK! Are you ready? Say cheese!

오케이! 알 유 레디? 쎄이 치즈!

A: 우리 사진 좀 찍어주실래요?

B: 그러죠.

A: 사진을 수직으로 세워서 찍어 주시겠어요?

B: 알았어요. 준비됐나요? 치즈!

Check Point!

미술관이나 박물관에서는 사진촬영이 금지되어 있는 곳이 많으므로 게시판을 잘 살펴야 해요. 요즘은 여행을 다니는 사람들이 대부분 셀카봉을 들고 다니면서 사진을 찍어 SNS에 올리는 게 전 세계적으로 유행이에요. 한국에서는 셀카라고 하지만 바른 영어 표현은 selfie이고, 셀카봉은 selfie stick이에요. 다른 사람을 찍을 때는 먼저 허락을 받는 거 잊지 마세요.

155

쇼핑가는 어디입니까?

Where is the shopping area?

웨얼 이즈 더 샤핑 에어리어?

shopping area 쇼핑가, 쇼핑 구역

백화점은 어디 있어요?

Where is the department store?

웨얼 이즈 더 디파트먼트 스토어?

면세점은 어디 있어요?

Where is the duty free shop?

웨얼 이즈 더 듀티 프리 샵?

duty free shop 면세점

엘리베이터는 어디 있어요?

Where can I find the elevators?

웨얼 캔 아이 파인드 더 엘리베이럴즈?

쇼핑 카트 있는 데가 어디죠?

Where can I get a shopping cart?

웨얼 캔 아이 겟 어 샤핑 카트?

shopping cart (슈퍼마켓 등의) 손님용 손수레

계산대는 어디 있어요?

Where is the checkout?

웨얼 이즈 더 체카웃?

계산대 직원은 a checkout assistant[operator]

Mini Talk

A: **Do you have a floor map?**

두 유 햅 어 플로어 맵?

B: **Yes, sir. Here it is.**

예스, 써ㄹ. 히얼 잇 이즈.

A: **Which floor is the cosmetics?**

위치 플로어 이즈 더 코스메틱스?

B: **On 2F.**

온 투 에프.

A: 매장 안내도 있습니까?

B: 네, 여기 있습니다.

A: 화장품 매장은 몇 층이에요?

B: 2층에 있습니다.

Check Point!

어느 나라나 쇼핑몰은 대개 규모가 굉장히 크기 때문에 매장, 엘리베이터, 에스컬레이터, 화장실, 식당가, 이벤트 몰 등 쇼핑몰 내의 시설 위치를 찾는 질문을 많이 하게 되죠. 우리가 흔히 착각하는 것이 for sale과 on sale이에요. for sale은 '판매용'이라는 뜻이고, on sale이 바로 우리가 찾는 '세일 중'이에요. for sale 팻말 앞에서 왜 가격이 안 싼지 따지지 마세요.

157

Basic Expression

도와드릴까요?

May I help you?

메이 아이 헬프 유?

신발 매장은 어디 있어요?

Where can I find the shoes?

웨얼 캔 아이 파인드 더 슈즈?

Where is the shoe department?라고 해도 된다

화장품 매장은 몇 층이에요?

Which floor is the cosmetics?

위치 플로어 이즈 더 코스메틱스?

그냥 둘러보고 있습니다.

I'm just looking.

아임 저슷 룩킹.

점원의 간섭 없이 자유롭게 구경하고 싶을 때 쓸 수 있는 표현이다

제가 찾는 물건이 아닙니다.

That's not what I wanted.

댓츠 낫 웟 아이 원티드.

더 작은 것은 없어요?

Don't you have a smaller one?

돈츄 햅 어 스몰러 원?

더 큰 사이즈를 찾을 때는 Do you have a larger one?

Mini Talk

녹음을 듣고 소리내어 읽어보세요?

A: **Hello.**
헬로우.

B: **Hello. Can you help me?**
헬로우. 캔 유 핼프 미?

A: **What can I do for you?**
윗 캔 아이 두 풔 유?

B: **I'm looking for a skirt.**
아임 룩킹 풔 어 스커트

A: 어서 오세요.

B: 여기 좀 봐주시겠어요?

A: 뭘 찾고 계시죠?

B: 스커트를 찾고 있는데요.

Check Point!

물건을 찾을 때 가장 많이 쓰는 표현은 I would like ~.(~을 좀 사고 싶어요) / I'm looking for ~.(~을 찾고 있어요) / I need ~.(~이 필요해요) 패턴이에요. 찾고 있는 물건을 설명하기 어려울 때는 사진을 보여주면서 Do you have this?(이거 있어요?) / Do you know where I can get this?(이거 어디서 구할 수 있는지 아세요?)라고 물어도 돼요.

듣기

입어 봐도 될까요?

Can I try it on?

캔 아이 트라이 잇 온?

 try on (옷, 신발, 모자 등을) 입어 / 신어 / 써 보다

이건 좀 작네요.

This is a little tight.

디스 이즈 어 리틀 타잇.

이 옷은 무슨 천이에요?

What material is this dress made of?

왓 메테리얼 이즈 디스 드레스 메잇 옵?

이거 세탁기 돌려도 되나요?

Is this machine-washable?

이즈 디스 머신-워셔블?

machine-washable 세탁기로 빨 수 있는

저 셔츠 좀 보여주시겠어요?

Will you show me that shirt?

윌 유 쇼우 미 댓 셔츠?

이걸로 살게요.

I'll take it.

아일 테익 잇.

Mini Talk

녹음을 듣고 소리내어 읽어보세요?

A: **Excuse me. I'd like the one in the window.**

익스큐즈 미. 아이드 라익 더 원 인 더 윈도우.

B: **Which one?**

위치 원?

A: **The third one in front from the left.**

더 써드 원 인 프런트 프럼 더 랩트.

B: **OK, I will get it for you.**

오케이, 아이 윌 겟 잇 풔 유.

A: 실례합니다. 진열대에 있는 걸 보고 싶어요.

B: 어떤 거요?

A: 왼쪽 앞에서 세 번째 거요.

B: 네. 가져올게요.

Check Point!

가게에 들어가면 점원이 May I help you?(도와드릴까요?) / What are you looking for?(뭐 찾으세요?)라고 물어보죠. 그럴 때 I'm just looking.(그냥 보는 거예요)라고 대답하면 점원이 쫓아 다니지 않아요. 마음에 드는 상품은 점원에게 보여 달라고 부탁하고, I'm going to try it.(입어볼게요)라고 말한 다음, Fitting room(탈의실)에 가서 옷을 입어볼 수 있어요.

물건 값을 계산할 때

 듣기

얼마예요?

How much is it?

하우 머치 이즈 잇?

그냥 How much?라고만 해도 된다

전부 얼마예요?

How much are they in all?

하우 머치 알 데이 인 올?

여러 가지 물건을 샀을 때 필요한 표현이다

너무 비싸요.

It's too expensive.

잇츠 투 익스펜십.

expensive 비싼, 돈이 많이 드는

좀 깎아주실래요?

Can you give me a discount?

캔 유 깁 미 어 디스카운ㅌ?

It's too expensive.에 덧붙여서 깎아달라고 조르는 필수표현이다

가격은 적당하네요.

The price is reasonable.

더 프라이스 이즈 리즈너블.

reasonable 타당한, 적당한, 합리적인

신용카드로 지불해도 될까요?

Can I pay with credit cards?

캔 아이 페이 윗 크레딧 카즈?

현금으로 계산하겠다고 할 때는 I will pay in cash.

Mini Talk

녹음을 듣고 소리내어 읽어보세요?

A: Did you find everything you need?

디쥬 파인드 에브리씽 유 닛?

B: Yes. How much are they in all?

예스. 하우 머치 알 데이 인 올?

A: Twenty-three dollars including tax. Cash or credit?

투웬니-쓰리 달러즈 인클루딩 택스. 캐시 오어 크레딧?

B: I'll pay in cash.

아일 페이 인 캐시.

A: 다 고르셨어요?

B: 예. 전부 얼마예요?

A: 세금 포함해서 23달러입니다.
　 현금이에요, 신용카드예요?

B: 현금으로 할게요.

Check Point!

물건을 계산할 때 필수표현은 계산방식이에요. 점원이 현금으로 계산할 건지 카드로 계산할 건지(Cash or credit?) 물으면 I'll pay in cash.(현금으로 할게요) 또는 I'll pay with credit(카드로 할게요)라고 하면 되요. 그냥 Cash. / Credit card.라고만 말해도 되요. 영수증을 달라고 해서(Receipt, please.) 그 자리에서 바로 계산 내역을 확인하세요.

포장이나 배달을 원할 때

Basic Expression

이것 좀 포장해 주세요.

Could you wrap this?

쿠쥬 랩 디스?

wrap (포장지 등으로) 싸다, 포장하다

선물용으로 포장해 주세요.

Wrap it up for a gift.

랩 잇 옵 풔 어 깁트.

명령문도 앞이나 뒤에 please를 붙이면 부드러운 부탁 표현이 된다

선물용으로 포장하는 데 추가로 비용이 드나요?

Is there any extra charge for gift-wrapping?

이즈 데얼 애니 엑스트라 차지 풔 깁트-랩핑?

이걸 따로따로 포장해 주세요.

Wrap them separately.

랩 댐 새퍼러틀리.

separate 분리하다, 나누다; (따로) 갈라지게 하다, (따로) 떼어놓다

배달해 줍니까?

Do you deliver?

두 유 딜리버?

deliver 배달하다

그걸 이 주소로 배달해 주세요.

Please deliver them to this address.

플리즈 딜리버 뎀 투 디스 어드레스.

Mini Talk

녹음을 듣고 소리내어 읽어보세요?

A: Can you gift-wrap this?

캔 유 깁트-랩 디스?

B: Gift-wrapping is on the second floor.

깁트-랩핑 이즈 온 더 쎄컨 플로어.

A: Please wrap them separately.

플리즈 랩 댐 새퍼러틀리

B: Oh, okay.

오, 오케이.

A: 이걸 선물용으로 포장해주시겠어요?

B: 선물용 포장은 2층에서 해드립니다.

A: 따로따로 포장해주세요.

B: 알겠습니다.

Check Point!

여행지에서 쇼핑할 때 구입한 물건들을 들고 다니는 것은 너무나 불편한 일이죠. 포장이나 배달을 부탁할 때 쓸 수 있는 간단한 표현을 쇼핑하러 갈 때 미리 알아두면 유용할 거예요. Would you wrap it up?(포장해 주세요) / Can I have this delivered to my place?(배달 가능한가요?) / Should I pay any extra charge for delivery?(배달요금이 따로 붙나요?)

165

20 교환이나 환불을 원할 때

듣기

이걸 교환해 주시겠어요?

Can I exchange this?

캔 아이 익스체인지 디스?

물건을 사면서 나중에 바꿀 수 있는지 확인할 때는 Can I exchange it later?

다른 것으로 바꿔 주시겠어요?

Would you exchange it for another?

우쥬 익스체인지 잇 풔 어나더?

여기 영수증 있습니다.

Here's the receipt.

히얼즈 더 리씻.

물건을 교환할 때는 꼭 영수증을 가져가야 한다

전혀 작동하지 않습니다.

It doesn't work at all.

잇 더즌ㅌ 웍 앳 올.

여기서 work는 '(기계가) 작동하다'라는 의미로 쓰였다

이걸 환불해 주시겠어요?

May I have a refund on this, please?

메이 아이 햅 어 리펀드 온 디스, 플리즈?

이 표를 환불 받고 싶은데요.

I'd like to get a refund on this ticket.

아이드 라익 투 겟 어 리펀드 온 디스 티킷.

Mini Talk

녹음을 듣고 소리내어 읽어보세요?

A: **Would you exchange this for another?**

우쥬 익스체인지 디스 풔 어나더?

B: **Yes, of course. Do you have the receipt?**

예스, 옵 코스. 두 유 햅 더 리씻?

A: **Here it is. Can I have a refund?**

히얼 잇 이즈. 캔 아이 햅 어 리펀드?

B: **Sorry, this item was final sale, so there are no refunds.**

쏘리, 디스 아이텀 워즈 파이널 세일, 쏘우 데얼 알 노우 리펀즈.

A: 이걸 다른 것과 교환해 주시겠습니까?

B: 물론이죠. 영수증 가지고 계십니까?

A: 여기 있어요. 환불 받을 수 있을까요?

B: 죄송하지만, 이 물건은 최종 세일품목이라
환불은 안 됩니다.

Check Point!

들뜬 기분으로 이것저것 샀다가 나중에 구입한 물건들을 정리하다보면 아, 이걸 왜 샀을까? 싶은 물건들을 발견하면 난감하죠. 환불 받을 때는 return 또는 refund, 교환할 때는 exchange를 사용해요. return은 물건을 돌려주면서 동시에 환불 받는 것을 의미하니까 refund를 따로 말하지 않아도 되요. 교환이나 환불을 받으려면 영수증이 꼭 있어야 한다는 점 잊지 마세요!

은행에서

 듣기

현금자동지급기는 어디 있어요?

Where is the ATM?

웨얼 이즈 디 에이티엠?

ATM(automated teller machine) 현금 자동 입출금기

은행 카드를 잃어 버렸어요.

I've lost my bank card.

아입 로슷 마이 뱅크 카드.

달러로 계산하면 얼마가 되죠?

How much is it in dollars?

하우 머치 이즈 잇 인 달러즈?

백 달러를 잔돈으로 바꿔주시겠어요?

Can you break a 100-dollar bill?

캔 유 브레익 어 원 헌드렛 달러 빌?

이 여행자 수표를 현금으로 바꿔주세요.

I'd like to cash this traveler's check.

아이드 라익 투 캐시 디스 트래블러즈 첵.

계좌를 개설하고 싶은데요.

I'd like to open an account.

아이드 라익 투 오픈 언 어카운ㅌ.

Mini Talk

녹음을 듣고 소리내어 읽어보세요?

A: **Can I change some money here?**
캔 아이 체인지 썸 머니 히얼?

B: **No, sir. You've got to go to window 5.**
노, 써ㄹ. 유브 캇 투 고우 투 윈도우 파입.

A: **May I have the money wired directly to my account?**
메이 아이 햅 더 머니 와이어드 디렉틀리 투 마이 어카운ㅌ?

B: **Yes. Give me the ID.**
예스. 깁 미 디 아이디.

A: 여기서 돈을 바꿀 수 있나요?

B: 아닙니다, 선생님. 5번 창구로 가셔야 합니다.

A: 이 돈을 제 계좌로 바로 송금해 주시겠어요?

B: 네, 신분증을 보여주세요.

Check Point!

은행에서 환전을 하고 싶을 때는 Change these to dollars, please.(이것을 달러로 바꿔 주세요), 계좌를 만들고 싶을 때는 I would like to open an account.(계좌를 개설하고 싶어요), 단기간의 여행을 할 때는 은행이나 환전소(Exchange Bureau)를 이용하는 것으로 충분하지만 장기간 체류하는 경우에는 은행에 계좌를 만들어 놓는 것이 여러 모로 편리해요.

Basic Expression

우표 10장 주세요.

Ten stamps, please.

텐 스템스, 플리즈.

여기서 소포용 박스를 파나요?

Do you have parcel boxes here?

두 유 햅 파셀 박시즈 히얼?

parcel box 소포용 상자

이 소포를 항공편으로 보내주세요.

Send this package by airmail, please.

샌 디스 패키지 바이 에어메일, 플리즈.

서울까지 얼마나 걸릴까요?

How long will it take to reach Seoul?

하우 롱 윌 잇 테익 투 리치 서울?

항공우편 요금은 얼마예요?

What's the airmail rate?

웟츠 디 에어메일 레잇?

by sea-mail 배편으로 by express 속달로

등기로 해주세요.

I'd like to send it by registered mail.

아이드 라익 투 샌드 잇 바이 레지스터드 메일.

Mini Talk

녹음을 듣고 소리내어 읽어보세요?

A: **I'd like to send this to Korea.**

아이드 라익 투 샌 디스 투 코리어.

B: **Surface mail, airmail, or special delivery?**

서페이스 메일, 에어메일, 오어 스페셜 딜리버리?

A: **How long will it take to reach Korea?**

하우 롱 윌 잇 테익 투 리치 코리어?

B: **It takes one week by airmail.**

잇 테익스 원 윅 바이 에어메일.

A: 이것을 한국으로 부치고 싶습니다.

B: 보통우편, 항공우편, 특급배송이 있는데요.

A: 한국에 도착하는 데 며칠 걸려요?

B: 항공편으로 일주일 걸립니다.

Check Point!

아무리 인터넷 시대라 해도 짐은 우체국에 가서 부쳐야죠. 우체국에서 쓸 수 있는 기본 표현은 반드시 익혀둬야 해요. Where can I buy stamps?(우표는 어디서 사요?) / Where can I put this?(이거 어디에 넣어요?) / By airmail, please.(항공편으로 부탁해요) / By seamail[surface mail], please.(선편으로 부탁해요) 선편은 가격은 싸지만 오래 걸려요.

이발을 하고 싶은데요.

I would like to have a haircut.

아이 우드 라익 투 햅 어 헤어컷.

아주 공손한 표현이다

이발과 면도를 해 주세요.

A haircut and shave, please.

어 헤어컷 앤 쉐이브, 플리즈.

캐주얼한 표현이다

이발만 해주세요.

Just a haircut, please.

저슷 어 헤어컷, 플리즈.

약간만 다듬어 주세요.

Just a little trim.

저슷 어 리틀 트림.

trim (끝부분을 잘라 내거나 하여) 다듬다, 손질하다

너무 짧게 하지 마세요.

Not too short, please.

낫 투 숏, 플리즈.

머리를 염색하고 싶은데요.

I'd like to dye my hair.

아이드 라익 투 다이 마이 헤어.

dye 염색하다

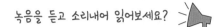

녹음을 듣고 소리내어 읽어보세요?

A: **How would you like to do your hair?**

하우 우쥬 라익 투 두 유얼 헤어?

B: **Just a trim, please.**

저슷 어 트림, 플리즈.

A: **Would you like a shave, too?**

우쥬 라익 어 쉐이브, 투?

B: **No, thank you. Just a haircut please.**

노우, 땡큐. 저슷 어 헤어컷 플리즈.

A: 머리 모양을 어떻게 해드릴까요?

B: 다듬기만 해주세요.

A: 면도도 하시겠습니까?

B: 아니요, 괜찮습니다. 이발만 해주세요.

Check Point!

우리는 이발소에 아무 때나 가지만 서구에서는 미리 예약을 하고 가는 것이 일반적이에요. How should I style it?(어떤 스타일로 해드릴까요?)라고 물으면 자신이 원하는 헤어스타일을 말하고 나서, 면도를 할 것인지, 이발만 할 것인지, 머리를 감을 것인지, 드라이를 할 것인지 등을 미리 말해야 해요. 특별히 원하는 것을 말하지 않으면 보통 커트만 해주거든요.

오늘 오후 3시에 예약하고 싶은데요.

I'd like to have an appointment for 3 p.m.?

아이드 라익 투 햅 언 어포인트먼ㅌ 풔 쓰리 피엠?

머리는 어떻게 해드릴까요?

How would you like your hair done?

하우 우쥬 라익 유얼 헤어 던?

이 헤어스타일이 요즘 유행이에요.

This hairstyle is the latest fashion.

디스 헤어스타일 이즈 더 래이티슷 패션.

여기까지 짧게 잘라주실래요?

Can you cut it short, up to here?

캔 유 컷 잇 숏, 업 투 히얼?

거울 속에서 손으로 가리키며 말하는 표현이다

앞머리는 앞으로 내주세요.

I'd like to cut some bangs.

아이드 라익 투 컷 썸 뱅스.

'가지런히 자른 앞머리'를 뜻할 때는 보통 복수(bangs)로 쓴다

자연스럽게 해 주세요.

I want a casual hairdo.

아이 원ㅌ 어 캐주얼 헤어두.

hairdo (여자가 매만져서 하고 있는) 머리 모양[헤어스타일]

Mini Talk

녹음을 듣고 소리내어 읽어보세요?

A: **How about getting a perm?**

하우 어바웃 게링 어 펌?

B: **OK, then a soft perm, please.**

오케이, 댄 어 소프트 펌, 플리즈.

A: **How short would you like it?**

하우 숏 우쥬 라익 잇?

B: **Not too short.**

낫 투 숏.

A: 파마를 하시는 게 어때요?

B: 좋아요. 약하게 파마를 해 주세요.

A: 얼마나 짧게 잘라 드릴까요?

B: 너무 짧지 않게요.

Check Point!

외국 미용실 중에는 간혹 파마를 아예 안 하는 곳도 있으니까 전화로 예약할 때 꼭 확인하고 필요한 표현도 미리 알아둬야 해요. I just want a haircut.(머리만 잘라주세요) / Just a root-touch up.(뿌리만 염색해주세요) / I'd like to get highlights.(하이라이트해주세요) Highlights/Lowlights는 현재 머리색보다 밝게/어둡게 전체적 들어가는 부분염색이에요.

이 양복 드라이해 주세요.

I need to get this suit dry cleaned.

아이 닛 투 겟 디스 슛 드라이 클린드.

suit 정장

이 얼룩 좀 빼주세요.

Can you remove the stains?

캔 유 리무브 더 스테인즈?

remove (불쾌하거나 더러운 것을) 없애다, 제거하다

언제쯤 다 될까요?

When is it ready?

웬 이즈 잇 레디?

When will it be ready?라고 해야 하지만 회화에서는 간편한 표현이 많이 쓰인다

이 바지 단 좀 줄여주실래요?

Can you hem these pants?

캔 유 햄 디즈 팬츠?

hem 단을 만들다[올리다]

세탁비용은 얼마예요?

How much do you charge for laundry?

하우 머치 두 유 차지 풔 런드리?

내일 아침까지 이 셔츠가 필요해요.

I need this shirt by tomorrow morning.

아이 닛 디스 셧 바이 터마로우 모닝.

Mini Talk

녹음을 듣고 소리내어 읽어보세요?

A: **May I help you?**

메이 아이 핼프 유?

B: **I'd like to have this coat dry-cleaned.**

아이드 라익 투 햅 디스 코트 드라이 크린드.

A: **How soon would you like these to be done?**

하우 쑨 우쥬 라익 디즈 투 비 던?

B: **Is it possible to have this coat cleaned by this afternoon?**

이즈 잇 파서블 투 햅 디스 코트 클린드 바이 디스 애프터눈?

A: 무엇을 도와 드릴까요?

B: 이 외투를 드라이크리닝해 주세요.

A: 언제 찾아가실 거예요?

B: 오늘 오후까지 이 코트를 세탁해주실 수 있을까요?

TIP

Check Point!

계절이 바뀌면 평소보다 세탁소를 이용할 일이 많이 생겨요. 외국에서 세탁소를 이용할 때라도 필요한 표현들은 대개 정해져 있으니까 그리 어렵지 않아요. 세탁소(laundry)와 관련된 기본 숙어는 take one's clothes to a laundry(세탁소에 옷을 맡기다) / pick up the laundry(세탁소에서 세탁물을 찾다)예요. 빨래방(coin laundry)을 이용하면 싸고 간편해요.

★ 앞에서 배운 대화 내용입니다. 한글을 영어로 말해보세요. 잘 모르시겠다고요?
걱정마세요. 녹음이 있잖아요. 그리고 정답은 각 유닛에서 확인하세요.

01 A: **Could you tell me the way to the subway station?**
    B: 이 길을 따라 가세요.

02 A: 어디로 모실까요?
    B: **To Seoul station, please.**

03 A: 실례합니다. 버스 정류장이 어디 있나요?
    B: **It's just across the street.**

04 A: 지하철 노선도를 얻을 수 있을까요?
    B: **Yes, it's over there.**

05 A: 런던으로 가려면 어느 승강장으로 가야 해요?
    B: **Platform 2.**

06 A: 탑승권을 보여 주시겠어요?
    B: **Yes, here it is.**

07 A: 안전벨트 매세요.
    B: **We have to make a U-turn now.**

08 A: 오늘 밤 쓸 수 있는 방 있어요?
    B: **What kind of room would you like?**

09 A: **How would you like your steak done?**
    B: 완전히 익혀 주세요.

10 A: **Hi. How are you doing?**
    B: **Hello.** 라떼 작은 거 하나 주세요.

11 A: 지역 명소에 관한 안내책자 같은 거 있어요?
    B: **Sure, here it is.**

12 A: 이 코스를 여행하는 데 시간이 얼마나 걸려요?
    B: **It'll take about 4 hours.**

13 A: 지금 무슨 뮤지컬 상영 중이에요?

B: The Phantom of The Opera is on now.

14 A: 우리 사진 좀 찍어주실래요?

B: Sure.

15 A: 매장 안내도 있습니까?

B: Yes, sir. Here it is.

16 A: 뭘 찾고 계시죠?

B: I'm looking for a skirt.

17 A: Excuse me. 진열대에 있는 걸 보고 싶어요.

B: Which one?

18 A: Did you find everything you need?

B: Yes. 전부 얼마예요?

19 A: 이걸 선물용으로 포장해주시겠어요?

B: Gift-wrapping is on the second floor.

20 A: Would you exchange this for another?

B: Yes, of course. 영수증 가지고 계십니까?

21 A: 여기서 돈을 바꿀 수 있나요?

B: No, sir. You've got to go to window 5.

22 A: 이것을 한국으로 부치고 싶습니다.

B: Surface mail, airmail, or special delivery?

23 A: 머리 모양을 어떻게 해드릴까요?

B: Just a trim, please.

24 A: 파마를 하시는 게 어때요?

B: OK, then a soft perm, please.

25 A: May I help you?

B: 이 외투를 드라이크리닝해 주세요.

전화 · 사교 · 긴급
표현

제인이니?

Is Jane in?

이즈 제인 인?

요즘은 거의 휴대폰으로 전화를 하기 때문에 바로 이렇게 묻는다

제인 있어요?

Is Jane there, please?

이즈 제인 데얼, 플리즈?

집이나 회사로 전화를 했을 때 묻는 표현이다

제인 좀 바꿔주세요.

May I speak to Jane?

메이 아이 스픽 투 제인?

톰인데요, 제인 좀 바꿔주세요.

This is Tom calling for Jane.

디스 이즈 탐 콜링 풔 제인.

자신을 먼저 밝히는 표현이다

제인과 통화하고 싶습니다.

I'd like to speak to Jane, please.

아이드 라익 투 스픽 투 제인, 플리즈.

굉장히 공손한 표현이다

말씀 좀 전해주시겠어요?

Could you take a message?

쿠쥬 테익 어 메시지?

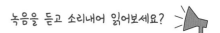

녹음을 듣고 소리내어 읽어보세요?

A: **Hello, Is Jane there, please?**

헬로우, 이즈 제인 데얼, 플리즈?

B: **Yes, speaking.**

예스, 스피킹.

A: **This is Thomas speaking.**

디스 이즈 타머스 스피킹.

B: **Hi, Thomas! How are you doing?**

하이, 타머스! 하우 알 유 두잉?

A: 여보세요. 제인 있어요?

B: 네, 전데요.

A: 나 토마스야.

B: 아, 토마스! 잘 지냈어?

Check Point!

전화를 걸 때는 전화를 받는 상대가 누구냐에 따라 표현이 달라져요. 친구랑 직장 상사랑 거래처 사람이랑 똑같을 수는 없으니까요. 요즘은 모두 휴대폰을 가지고 있으니까 굳이 바꿔달라든가, 자리에 있느냐 없느냐, 메시지를 남기느냐 마느냐 하는 표현을 배울 필요도 없어졌죠. 아주 간단하게 Is Jane in?하고 묻기도 해요. 전화 받는 거 너지? 하는 식의 표현이죠.

듣기

잠깐만 기다리세요.
Just a moment, please.
저슷 어 모먼, 플리즈.

전화를 끊지 말고 잠깐 기다리라고 말하는 표현이다

잠깐만요.
Hang on a sec.
행 온 어 섹.

제인 바꿀게요.
I'll get Jane.
아일 겟 제인.

그이에게 전화 드리라고 할까요?
Do you want him to call you back?
두유 원ㅌ 힘 투 콜 유 백?

찾는 사람이 자리에 없을 때 쓸 수 있는 표현이다

지금 다른 전화를 받고 계십니다.
He's on another line right now.
히즈 온 어나더 라인 라잇 나우.

right now 지금은

지금 회의 중입니다.
He's in a meeting.
히즈 인 어 미팅.

in a meeting 회의 중인

Mini Talk

녹음을 듣고 소리내어 읽어보세요?

A: **Hello, this is Jane.**

헬로우, 디스 이즈 제인.

B: **Hello, Jack, please.**

헬로우, 잭, 플리즈.

A: **Who was that on the telephone?**

후 워즈 댓 온 더 텔러포운?

B: **This is Sara speaking.**

디스 이즈 세러 스피킹.

A: 안녕하세요, 제인입니다.

B: 안녕하세요, 잭 부탁해요.

A: 전화 거신 분은 누구신가요?

B: 사라입니다.

Check Point!

외국어로 전화 통화를 할 때는 명료하고 간결하게 해야 합니다. 전화는 상대의 얼굴 표정이 보이지 않는 만큼 상대가 말하는 것을 정확히 알아듣는 것과 자기가 말하고자 하는 것을 명확하게 발음하는 것이 중요하니까요. 상대의 이름을 잘 알아듣지 못했으면 May I have your name again?(다시 한 번 성함을 말씀해 주시겠습니까?)이라고 분명하게 확인하세요.

지금 자리에 안 계십니다.

He's not at his desk.

히즈 낫 앳 히스 데슥.

at one's desk ~의 자리에

그녀는 지금 없는데요.

She's not here right now.

쉬즈 낫 히얼 라잇 나우.

언제 돌아옵니까?

When will he be back?

웬 윌 히 비 백?

When will he return?이라고 해도 된다

메시지를 남겨도 될까요?

Can I leave a message for him?

캔 아이 리브 어 메시지 풔 힘?

leave a message 전언을 남기다

나중에 다시 전화하겠습니다.

I'll call again later.

아일 콜 어겐 래이러.

제가 전화했다고만 전해 주세요.

Just tell him I called, please.

저슷 텔 힘 아이 콜드, 플리즈.

Mini Talk

녹음을 듣고 소리내어 읽어보세요?

A: Hello, this is Jane. Can I talk to Jack?

헬로우, 디스 이즈 제인. 캔 아이 톡 투 잭?

B: He's not in. He's out playing baseball.

히즈 낫 인. 히즈 아웃 플레잉 베이스볼.

A: When will he be back?

웬 윌 히 비 백?

B: He'll be back in two hours.

히일 비 백 인 투 아워즈.

A: 안녕하세요, 제인인데요. 잭 좀 바꿔주실래요?

B: 지금 없는데요. 야구하러 나갔어요.

A: 언제 돌아올까요?

B: 2시간 뒤에 돌아올 거예요.

Check Point!

전화를 할 때마다 찾는 사람이 곧바로 전화를 받지는 않아요. 더구나 집이 아닌 직장에서는요. 물론 핸드폰으로 전화를 걸면 본인이 거의 받겠지만. 아무튼 전화를 했는데 통화를 원하는 상대가 없으면 먼저 본인의 신분을 밝히고 Can I leave a message for him?라고 묻고 나서, 전화를 달라고 메시지를 남길 때는 Just tell him I called, please.라고 하면 되죠.

Basic Expression

듣기

지금 뵈러 가도 될까요?

May I call on you now?

메이 아이 콜 온 유 나우?

call on 방문하다

몇 시에 만날까요?

What time shall we meet?

윗 타임 쉘 위 밋?

What time 몇 시 meet 만나다

몇 시가 편해요?

What time is convenient for you?

윗 타임 이즈 컨비넌ㅌ 풔 유?

convenient for ~에게 편리한

몇 시가 가장 좋으세요?

What time is the best?

윗 타임 이즈 더 베슷?

suit (~에게) 편리하다, 맞다, 괜찮다

점심 약속 있으세요?

How are you fixed for lunch?

하우 알 유 픽스트 풔 런치?

'(~은) 어떻게 되지?'라는 뜻으로 상대방의 약속 등에 대해 묻는 표현이다

어디서 만날까요?

Where shall we meet?

웨얼 쉘 위 밋?

Mini Talk

녹음을 듣고 소리내어 읽어보세요?

A: **Can I see you, today?**

캔 아이 씨 유, 투데이?

B: **I can't make it today. How about tomorrow?**

아이 캔ㅌ 메익 잇 투데이. 하우 어바웃 터마로우?

A: **That'll be fine. What time are you available?**

댓일 비 파인. 윗 타임 알 유 어베일러블?

B: **I'll be free in the afternoon.**

아일 비 프리 인 디 애프터눈.

A: 오늘 만날 수 있을까요?

B: 오늘은 안 되겠는데, 내일은 어때요?

A: 좋아요. 몇 시에 시간 되세요?

B: 오후에는 한가할 겁니다.

Check Point!

약속을 정할 때 시간과 장소는 대개 상대방의 사정에 맞추는 것이 일반적입니다. 특히 날짜나 시간은 정확하게 메모해 두는 습관을 들이는 것이 좋아요. 약속에 관한 표현은 일상생활에서 가장 사용 빈도가 높은 표현에 속하므로 When would it be convenient for you?(언제가 좋을까요?) / Can you make it?(괜찮겠어요?) 등의 일정한 상용표현을 마스터해 두세요.

05 약속 제의에 응답할 때

좋아요.

That'll be fine.

댓일 비 파인.

언제라도 좋을 때 오세요.

Come at any time you like.

컴 앳 애니 타임 유 라익.

You are welcome at any time.라고 해도 된다

언제라도 좋아요.

Any time.

애니 타임.

appointment는 개인적인 약속보다는 업무 등의 공식적인 약속에 쓴다

미안하지만 선약이 있어요.

Unfortunately, I have an appointment.

언퍼처내이틀리, 아이 햅 언 어포인먼ㅌ.

오늘은 안 되겠는데 내일은 어때요?

I can't make it today. How about tomorrow?

아이 캔ㅌ 메익 잇 투데이. 하우 어바웃 터마로우?

날짜를 다시 정할 수 있을까요?

Could we reschedule the date?

쿳 위 리스케줄 더 데잇?

reschedule 일정을 변경하다

Mini Talk

녹음을 듣고 소리내어 읽어보세요?

A: # Jane, why don't we have a drink after work?

제인, 와이 돈트 위 햅 어 드링 앱터 웍?

B: # I'd love to.

아이드 럽 투.

A: # Where shall we meet?

웨얼 쉘 위 밋?

B: # How about the cafe at 1st Street?

하우 어바웃 더 카페 앳 퍼슷 스트릿?

A: 제인, 일 끝나고 한 잔 할래요?

B: 좋아요.

A: 어디서 만날까요?

B: 1번가에 있는 그 카페 어때요?

Check Point!

Do you want to go watch movie tonight?(저녁에 영화 보러 갈래?) 누가 이렇게 물어 봤을 때 좋으면 Sure!(그래), 선약이 있을 때는 I have plans with my friends tonight.(오늘 저녁에 친구들이랑 약속 있어)라고 해야죠. 친구들과 만나는 것 같은 가벼운 약속에는 I have plans ~ 패턴으로 표현하고, 절대로 appointment나 promise를 쓰지 않는다는 점! 잊지 마세요.

06 초대할 때

저희집에 오시겠어요?

Would you like to come to my place?

우쥬 라익 투 컴 투 마이 플레이스?

저희집에 식사하러 오시겠어요?

Can you come over to my place for dinner?

캔 유 컴 오버 투 마이 플레이스 풔 디너?

언제 한번 놀러 오세요.

Please come and see me sometime.

플리즈 컴 앤 씨 미 썸타임.

언제 한번 들르세요.

Please drop by sometime.

플리즈 드랍 바이 썸타임.

sometime은 '언젠가'라는 뜻이고 some time은 '얼마 동안의 시간'이라는 뜻이다

언제 식사나 한번 같이 합시다.

Let's have lunch sometime.

렛츠 햅 런치 썸타임.

점심 같이 하자고 가볍게 초대하는 표현이다

제 생일 파티에 와 주세요.

Please come to my birthday party.

플리즈 컴 투 마이 버쓰데이 파티.

 Mini Talk

 녹음을 듣고 소리내어 읽어보세요?

A: **I'd like to invite you to my birthday party.**

아이드 라익 투 인바잇 유 투 마이 버쓰데이 파티.

B: **When?**

웬?

A: **We're having a party next Saturday.**

위어 해빙 어 파티 넥스트 새러데이.

B: **Thank you, I'd like to.**

땡큐, 아이드 라익 투.

A: 내 생일 파티에 널 초대하고 싶어.

B: 언젠데?

A: 다음 토요일에 파티를 열 거야.

B: 고마워, 갈게.

 Check Point!

초대는 더욱 가까이 지내고 싶다는 마음의 표시예요. 초대가 꼭 식사나 파티처럼 거창한 것에만 한정된 것은 아니니까요. 친한 사람에게는 Do you want to ~? / 그다지 친하지 않은 사람에게는 Would you like to ~? / 아직 어색한 사람에게는 I was wondering if you'd like to ~. 패턴을 쓰면 무난해요. 대화문에서처럼 I'd like to invite you ~.라는 패턴도 있어요!

좋아요.

Great!

그레잇!

꼭 갈게요.

I'll be there.

아일 비 데얼.

기꺼이 가겠습니다.

I'll be glad to come.

아일 비 글랫 투 컴.

'기꺼이 그러겠습니다'라는 공손한 대답이다

좋아요.

That sounds good.

댓 사운즈 굿.

초대해 주셔서 감사합니다.

That's very kind of you.

댓츠 베리 카인드 옵 유.

'마음 써줘서 고마워요'라는 공손한 대답이다

미안하지만 갈 수 없습니다.

I'm sorry I can't.

아임 쏘리 아이 캔ㅌ.

초대에 응할 수 없을 때 쓸 수 있는 표현이다

Mini Talk

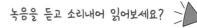 녹음을 듣고 소리내어 읽어보세요?

A: We're having a party tonight. Can you come?

위알 해빙 어 파티 투나잇. 캔 유 컴?

B: Sorry, I have another appointment.

쏘리, 아이 햅 어너더 어포인트먼ㅌ.

A: How about having lunch with me tomorrow?

하우 어바웃 해빙 런치 윗 미 터마로우?

B: Yes, with pleasure.

예스, 윗 플레저.

A: 오늘밤에 파티할 건데 올래?

B: 미안, 다른 약속이 있어.

A: 내일 나랑 점심 먹는 건 어때?

B: 그래, 좋아.

Check Point!

상대의 초대를 기꺼이 받아들일 때는 Yes, I'd like that.(네, 좋아요) / That sounds great! Thanks.(좋아. 고마워) / Yes, OK.(그래, 좋아) 등으로 간단하게 대답해요. 하지만 거절할 때는 미안하니까 말이 좀 길어지죠. Sorry, I can't. It's my dad's birthday.(미안해. 그날 아빠 생일이야) / Sorry, but I'll going to aerobics.(미안해. 에어로빅 가야해)

브라운 씨 댁입니까?

Is this Mr. Brown's residence?

이즈 디스 미스터 브라운즈 레지던스?

residence 주택, 거주지(특히 크고 웅장한 것)

브라운씨 계세요?

Is Mr. Brown in?

이즈 미스터 브라운 인?

인사하려고 잠깐 들렀습니다.

I just dropped in to say hello.

아이 저슷 드랍트 인 투 쎄이 헬로우.

drop in 잠깐 들르다

나중에 다시 오겠습니다.

I'll come again later.

아일 컴 어겐 레이러.

찾는 사람이 없을 때 다음을 기약하는 표현이다

집이 깨끗하고 예쁘네요.

You have a bright and lovely home.

유 햅 어 브라잇 앤 러블리 홈.

이거 받으세요.

Here's something for you.

히얼즈 썸씽 풔 유.

선물을 줄 때 쓸 수 있는 표현이다

Mini Talk

녹음을 듣고 소리내어 읽어보세요?

A: **Am I too early?**

엠 아이 투 어얼리?

B: **No, Alan and Emily are already here.**

노, 앨런 앤 에밀리 알 올레디 히얼.

A: **I smell something good.**

아이 스멜 썸씽 굿.

B: **We're having seafood for dinner.**

위아 해빙 씨푸드 풔 디너.

A: 제가 너무 일찍 왔나요?

B: 아니에요, 알렌과 에밀리가 벌써 와 있어요.

A: 뭔가 좋은 냄새가 나네요.

B: 저녁으로 해물요리를 먹을 거예요.

Check Point!

서양에서는 남의 집을 방문했을 때 집 주인이 들어오라고 말하기 전에는 안으로 들어가지 않아요. 문 앞에서 주인과 방문객이 얘기하는 장면, 영화에 많이 나오잖아요. 안에서 누구냐고 물으면 Hi. This is Andy.(안녕. 앤디야)라고 해요. 이때 I am ~이 아니라 This is ~를 쓴다는 것과 집주인이 들어오라고 (Come on in)할 때까지 기다려야 한다는 것을 꼭 기억하세요.

어서 오세요.

You're most welcome.

유알 모슷 웰컴.

대환영이라는 의미이다

와 줘서 정말 고마워요.

Thank you so much for coming.

땡큐 쏘우 머치 풔 커밍.

와줘서 고맙다는 의미이다

안으로 들어오세요.

Come in, please.

컴 인, 플리즈.

앉으세요.

Please sit down.

플리즈 씻 다운.

편히 계세요.

Please make yourself at home.

플리즈 메익 유얼셀프 앳 홈.

우리 집을 구경시켜 드릴게요.

Let me show you around my house.

렛 미 쇼우 유 어라운 마이 하우스.

Mini Talk

녹음을 듣고 소리내어 읽어보세요?

A: **Hello! Come on in.**
헬로우! 컴 온 인.

B: **You have a nice house.**
유 햅 어 나이스 하우스.

A: **Thank you. Please make yourself at home.**
땡큐. 플리즈 메익 유얼셀프 앳 홈.

B: **Thank you. I feel at home already.**
땡큐. 아이 필 앳 홈 올레디.

A: 안녕하세요! 어서 오세요.

B: 집이 근사하네요.

A: 고마워요. 편하게 계세요.

B: 고마워요. 이미 편안해요.

Check Point!

집에 손님이 오면 무엇보다 반갑게 맞이하는 것이 가장 큰 친절이죠. 문 앞에서 수다를 떠느라 손님이 Can I come in?(들어가도 될까요?)라고 묻게 되기 전에 얼른 Welcome. Come on in.(반가워요. 들어오세요)라고 말해요. 초대한 손님이라면 I've been waiting for you.(기다리고 있었어요)라고 말하면서 This way, please.(이쪽으로 오세요)라고 거실로 안내합니다.

방문객을 대접할 때

저녁식사 준비 됐어요.

Dinner is ready.

디너 이즈 래디.

be ready ~할 준비가 되다

한국 음식 좋아하세요?

Do you like Korean food?

두 유 라익 코리언 푸드?

많이 드세요.

Please help yourself.

플리즈 헬프 유얼셀프.

help yourself (음식을) 마음대로[양껏] 드세요

입맛에 맞으시면 좋겠어요.

I hope you like it.

아이 홉 유 라익 잇.

식사에 초대한 사람이 으레 하는 말이다

후식으로 이 초콜릿 푸딩을 드셔 보세요.

Try this chocolate pudding for dessert.

트라이 디스 초콜릿 푸딩 풔 디젓.

디저트 좀 더 드실래요?

Would you like some more dessert?

우쥬 라익 썸 모어 디젓?

Mini Talk

녹음을 듣고 소리내어 읽어보세요?

A: **Please help yourself.**

플리즈 헬프 유얼셀프.

B: **This fried salmon is excellent.**

디스 프라이드 새먼 이즈 엑설런트.

A: **What would you like for dessert?**

윗 우쥬 라익 풔 디저트?

B: **I'd like a cup of coffee, please.**

아이드 라익 어 커쁩 커피, 플리즈.

A: 많이 드세요.

B: 이 연어 튀김은 완전 맛있는걸요.

A: 디저트는 뭘로 드실래요?

B: 커피 한 잔 주세요.

Check Point!

손님이 자기 집처럼 편안하게 느끼도록 할 수 있다면 최고의 대접이죠. Make yourself comfortable.(편히 계세요) / (It is) so glad you came!(와주셔서 정말 기뻐요!)라고 말하고 나면 우선 마실 것을 권하는 것이 예의예요. Would you like something to drink?(마실 것 좀 드릴까요?) 손님이 뭔가를 마시겠다고 대답하면 Coming right up!(당장 대령할게요!)라고 해요.

Basic Expression

 듣기

이제 가봐야겠어요.

I think I should get going.

아이 씽크 아이 슛 겟 고우잉.

이렇게 늦었는지 몰랐어요.

I didn't realize how late it was.

아이 디든ㅌ 리얼라이즈 하우 레잇 잇 워즈.

realize 깨닫다, 알아차리다

정말 맛있는 식사였어요.

Thank you for the nice dinner.

땡큐 풔 더 나이스 디너.

이야기 즐거웠어요.

I've enjoyed talking with you.

아입 인조이드 토킹 윗 유.

talk with ~와 이야기를 나누다

정말 즐거웠어요.

I've really enjoyed myself.

아입 리얼리 인조이드 마이셀프.

우리 집에 언제 한번 오세요.

Come over to my place sometime.

컴 오버 투 마이 플레이스 썸타임.

Mini Talk

녹음을 듣고 소리내어 읽어보세요?

A: **I've had a great time. Thank you.**

아이브 햇 어 그레잇 타임. 땡큐.

B: **Do you really have to go?**

두 유 리얼리 햅 투 고우?

A: **It's too late.**

잇츠 투 레잇.

B: **Please come again.**

플리즈 컴 어겐.

A: 정말 즐거웠어요. 감사합니다.

B: 정말 가셔야 해요?

A: 시간이 너무 늦었어요.

B: 또 오세요.

Check Point!

식사 초대였다면 밥을 먹고 나서 I'm so full.(완전 배불러요) / I ate way too much!(너무 많이 먹었어요) 등으로 잘 먹었다는 표현을 하죠. 나도 그렇다고 말할 때는 So am I. 또는 Me too.라고 표현해요. 손님이 돌아갈 때 주인은 Have a safe drive and we will see you soon.(운전 조심하시고 곧 또 만나요)라고 인사하고 손님은 Thanks again! Bye!라고 인사해요.

듣기

문제가 생겼어요.

I have a problem.

아이 햅 어 프라블럼.

problem (다루거나 이해하기 힘든) 문제

어렵군요.

That's difficult.

댓츠 디피컬트.

difficult 어려운, 힘든; 힘겨운, 곤란한

어떡하면 좋을지 모르겠어요.

I'm at a loss.

아임 앳 어 로스.

be at a loss 어쩔 줄을 모르다

꼼짝 못하게 갇혔어요.

I'm stuck.

아임 스턱.

be[get] stuck 꼼짝도 못하다

최악이야.

It's terrible.

잇츠 테러블.

죽을 지경이에요.

I'm on the ropes.

아임 온 더 롭스.

on the ropes 패배하기 직전의

Mini Talk

녹음을 듣고 소리내어 읽어보세요?

A: I don't know what to do.

아이 돈ㅌ 노우 윗 투 두.

B: What's wrong?

윗츠 롱?

A: I'm in over my head.

아임 인 오우버 마이 헤드.

B: Is there anything I can do to help?

이즈 데얼 애니씽 아이 캔 두 투 헬프?

A: 어떻게 해야 할지 모르겠어요.

B: 뭐가 잘못 됐어요?

A: 속수무책이에요.

B: 내가 뭐 도와줄 거 있어요?

Check Point!

여행지에서 난처한 일이 발생했을 때 상황별로 연락할 수 있는 전화번호와 도움을 구할 때 쓸 수 있는 기본 표현들은 늘 준비되어 있어야 해요. 소소한 일이라도 낯선 곳에서는 훨씬 크고 급박하게 느껴질 수 있으니 혼자 해결하려고 애쓰지 말고 가까이 있는 사람에게 도움을 요청하세요.

Help me, please!(도와주세요!)

Basic Expression

미안하지만 다시 한번요?

Pardon?

파든?

원래는 I beg your pardon?이지만 흔히 Beg your pardon? 또는 Pardon?으로 줄여 쓴다

다시 한번 말씀해주시겠어요?

Would you repeat that?

우쥬 리핏 댓?

repeat 반복하다, 한 번 더[거듭] 말하다

좀 더 천천히 말씀해 주시겠어요?

Would you speak more slowly?

우쥬 스픽 모어 슬로리?

slowly 천천히, 느리게

이 단어의 의미는 무엇입니까?

What does this word mean?

왓 더즈 디스 워드 민?

mean …라는 뜻[의미]이다, …을 뜻하다

여기 한국어를 하는 사람 있어요?

Does anyone here speak Korean?

더즈 애니원 히얼 스픽 코리언?

미안합니다만, 못 들었어요.

I'm sorry, but I couldn't hear you.

아임 쏘리, 벗 아이 쿠든ㅌ 히얼 유.

Mini Talk

녹음을 듣고 소리내어 읽어보세요?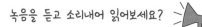

A: Do you speak English?

두 유 스픽 잉글리쉬?

B: I don't speak English well.

아이 돈ㅌ 스픽 잉글리쉬 웰.

A: Does anyone here speak English?

더즈 애니원 히얼 스픽 잉글리쉬?

B: What's the matter?

윗츠 더 매러?

A: 영어하세요?

B: 영어를 잘하지는 못합니다.

A: 여기 영어 할 줄 아는 사람 있어요?

B: 무슨 일이죠?

Check Point!

여행지에서 낯선 사람들에 둘러싸여 익숙하지 않은 언어로 말하다 보면 그 자리의 분위기나 상대에게 신경을 쓴 나머지 무슨 말인지 제대로 알아듣지도 못한 상태에서 고개를 끄덕이거나 알았다고 말해버리고 마는 경우가 흔해요. 하지만 관광객을 노리고 접근하는 사람들이 많으니 대답을 해야 하는 상황에서는 알아들을 때까지 다시 말해달라고 해야 해요.

무엇을 원하세요?

What do you want?

왓 두 유 원ㅌ?

위협을 받고 있는 상황에서 시간을 벌 수 있는 질문 가운데 하나

그만 두세요!

Stop it!

스탑 잇!

잠깐! 뭘 하는 겁니까?

Hey! What are you doing?

헤이! 웟 알 유 두잉?

가까이 오지 마세요.!

Stay away from me!

스테이 어웨이 프럼 미!

도와주세요!

Help me!

핼프 미!

경찰 아저씨!

Police!

폴리스!

 Mini Talk

녹음을 듣고 소리내어 읽어보세요?

A: Help me!

헬프 미!

B: Are you hurt?

알 유 허트?

A: No, but I have been robbed.

노우, 벗 아이 햅 빈 랍드.

B: Tell me exactly what happened.

텔 미 이그잭틀리 웟 해펀드.

A: 도와주세요!

B: 다치셨어요?

A: 아니요, 하지만 강도를 당했어요.

B: 무슨 일이 있었는지 정확히 말해주세요.

 Check Point!

외국에서 사고가 나거나 일행 중 누가 심각하게 아프거나 하는 비상사태가 발생하면 훨씬 당황하게 되요. 먼저 전문적인 도움을 줄 수 있는 곳으로 전화를 걸어야 해요. 긴급상황 연락처는 항목별로 미리 알아 두세요. 주위에 사람이 없어도 Help! Ambulance (Police)!라고 큰소리로 외치세요. 여권을 잃어버렸거나 범죄나 재해를 만났을 땐 즉시 대사관에 연락하세요.

물건을 분실했을 때

듣기

지갑을 잃어버렸어요.

I lost my wallet.

아이 로슷 마이 월릿.

wallet 지갑

여권을 잃어버렸어요.

I have lost my passport.

아이 햅 로슷 마이 패스폿.

passport 여권

그걸 어디서 잃어버렸는지 기억이 안 나요.

I don't remember where I left it.

아이 돈ㅌ 리멤버 웨얼 아이 랩트 잇.

remember 기억하다

택시에 가방을 두고 내렸어요.

I left my bag in a taxi.

아이 렙트 마이 백 인 어 택시.

이 근처에서 가방 하나 보셨어요?

Did you see a bag around here?

디쥬 씨 어 백 어라운 히얼?

분실물 센터는 어디입니까?

Where is the lost and found?

웨얼 이즈 더 로슷 앤 파운드?

lost and found 분실물 취급소(= lost property office)

Mini Talk

녹음을 듣고 소리내어 읽어보세요?

A: **Where is the lost and found?**

웨얼 이즈 더 로슷 앤 파운드?

B: **What's up?**

윗츠 업?

A: **I have lost my passport.**

아이 햅 로슷 마이 패스폿.

B: **Where have you lost it?**

웨얼 햅 유 로슷 잇?

A: 분실물 취급소는 어디 있어요?

B: 무슨 일입니까?

A: 여권을 잃어버렸어요.

B: 어디서 잃어버렸나요?

Check Point!

해외여행 중에 무언가를 잃어버리면 참 대책 없죠. 귀중품 특히 여권을 잃어버렸을 때는 먼저 호텔의 경비담당이나 경찰에 신고를 하고 도난증명서를 발급받아야 해요. 재발행이나 보험을 청구할 때 필요하거든요. Where is the lost and found?(분실물 신고계가 어디죠?) / Please call the Korean Embassy.(한국대사관에 전화 좀 걸어 주세요)

도난당했을 때

듣기

지갑을 잃어버렸어요.

I lost my purse.

아이 로슷 마이 펄스.

be robbed of 강탈당하다 purse (여성용의 작은) 지갑

도난신고를 하고 싶어요.

I'd like to report a theft.

아이드 라익 투 리폿 어 쎄프트.

report a theft 도둑을 신고하다

옷가방을 도난당했어요.

I had my suitcase stolen.

아이 햇 마이 슛케이스 스톨른.

have stolen 도둑맞다

지갑을 소매치기 당한 것 같아요.

My wallet was taken by a pickpocket.

마이 월릿 워즈 테이큰 바이 어 픽포킷.

소매치기야!

Pickpocket!

픽포킷!

pickpocket 소매치기(꾼)

경찰을 불러 주세요.

Call the police!

콜 더 폴리스!

Mini Talk

녹음을 듣고 소리내어 읽어보세요?

A: **Officer, I'd like to report a theft.**

어피서, 아이드 라익 투 리폿 어 쎄프트.

B: **Yes, what was stolen?**

예스, 윗 워즈 스톨런?

A: **I had my suitcase stolen.**

아이 햇 마이 슛케이스 스톨른.

B: **What did your suitcase look like?**

윗 디쥬어 슛케이스 룩 라익?

A: 경관님, 도난신고를 하고 싶어요.

B: 네. 무엇을 도난당하셨나요?

A: 여행가방을 도둑맞았어요.

B: 여행가방이 어떻게 생겼어요?

Check Point!

물건을 도둑맞거나 강도를 당했을 때는 경찰에 신고해야죠. Call the police, please.(경찰을 불러주세요)라고 부탁하든지 직접 경찰서에 가서 I have to report a theft.(도난 신고를 하려고요)라고 말해요. I was robbed of my bag in front of the hotel.(호텔 앞에서 가방을 털렸어요) / It is white and big.(크고 하얀색이에요) 등으로 상황과 도난당한 물건을 설명해요.

교통사고가 났을 때

오늘 아침에 교통사고를 당했어요.

I had a traffic accident this morning.

아이 햇 어 트래픽 액씨던트 디스 모닝.

제 탓이 아니에요.

It wasn't my fault.

잇 워즌ㅌ 마이 펄트.

fault 잘못, 책임

그의 차가 내 차 옆면을 들이받았어요.

His car hit the side of my car.

히즈 카 힛 더 사이드 옵 마이 카.

hit 들이받다

내 차가 조금 찌그러졌어요.

My car has some dents.

마이 카 해즈 썸 덴츠.

dent (단단한 표면을 세게 쳐서) 움푹 들어가게 만들다, 찌그러뜨리다

보험 처리가 될까요?

Will the insurance cover it?

윌 디 인슈어런스 커버 잇?

insurance 보험

구급차를 불러 주세요.

Please call an ambulance!

플리즈 콜 언 앰뷸런스!

Mini Talk

녹음을 듣고 소리내어 읽어보세요?

A: My car skidded on the snow.

마이 카 스키딧 온 더 스노우.

B: Are you hurt?

알 유 헛?

A: I'm all right, but my car is bent up.

아임 올 라잇, 벗 마이 카 이즈 벤트 업.

B: It's such a relief to know that you are okay!

잇츠 서치 어 릴리프 투 노우 댓 유 알 오케이!

A: 차가 눈길에 미끄러졌어요.

B: 다쳤어요?

A: 난 괜찮아요. 하지만 차가 찌그러졌어요.

B: 괜찮으시다니 정말 다행입니다.

Check Point!

교통사고는 traffic accident, car accident, car crash(자동차끼리 충돌한 경우)라고 해요. 사고가 일어나면 먼저 경찰, 보험회사, 렌터카 회사에 연락합니다. I'm sorry.는 그냥 미안하다는 정도가 아니라 자기의 잘못을 인정한다는 의미가 포함되어 있으므로 교통사고가 난 상황에서는 쓰지 않는 게 좋아요. 사고증명서를 반드시 받아두어야 보험 청구를 할 수 있어요.

듣기

이 근처에 병원이 있습니까?

Is there a hospital near here?

이즈 데얼 어 하스피털 니어 히얼?

hospital 병원

병원으로 데려가 주세요.

Could you take me to a hospital, please?

쿠쥬 테익 미 투 어 하스피털, 플리즈?

진료예약을 할 수 있을까요?

Can I make a doctor's appointment?

캔 아이 메익 어 닥터스 어포인트먼트?

외래환자 입구는 어디입니까?

Where's the entrance for out-patients?

웨얼즈 디 엔트런스 풔 아웃-페이션츠?

접수창구는 어디입니까?

Where's the reception desk?

웨얼즈 더 리셉션 데슥?

reception desk 접수처, 프런트

진료실은 어디입니까?

Where's the doctor's office?

웨얼즈 더 닥터스 어피스?

doctor's office 진찰실, 진료실

Mini Talk

녹음을 듣고 소리내어 읽어보세요?

A: **Excuse me, where's the reception desk?**

익스큐즈 미, 웨얼즈 더 리셉션 데슥?

B: **Go up this way, it's on your right side.**

고우 업 디스 웨이, 잇츠 온 유얼 라잇 사이드.

A: **I have an appointment to see the doctor at 10.**

아이 햅 언 어포인트먼트 투 씨 더 닥터 앳 텐.

B: **Let me check that for you.**

렛 미 첵 댓 풔 유.

A: 실례합니다. 접수처가 어디 있어요?

B: 이 길로 곧장 가시면 오른쪽에 있습니다.

A: 10시에 진료 예약되어 있어요.

B: 확인해 보겠습니다.

Check Point!

외국에서 병원에 가려면 언어도 다르고 시스템도 다르고 보험체계도 다르고 정말 난감하죠. 진료과목 명칭은 내과 Internal Medicine, 산부인과 OB & Gyn, 안과 Ophthalmology, 소아과 Pediatrics, 정신과 Psychiatry, 치과 Dentistry, 성형외과 Plastic Surgery, 피부과 Dermatology, 정형외과 Orthopedics, 이비인후과 Otolaryngology/ENT 등이 있어요.

어디가 아파서 오셨습니까?

What brings you in?

왓 브링스 유 인?

여기가 아픕니까?

Have you any pain here?

햅 유 애니 페인 히얼?

의사가 손으로 누르면서 하는 질문(= Is there any pain here?)

어디가 아프세요?

Where do you have pain?

웨얼 두 유 햅 페인?

외상적 질문

이렇게 아픈지 얼마나 됐습니까?

How long have you had this pain?

하우 롱 햅 유 햇 디스 페인?

또 다른 증상이 있습니까?

Do you have any other symptoms with it?

두 유 햅 애니 아더 심텀즈 윗 잇?

오늘은 좀 어떠세요?

How do you feel today?

하우 두 유 필 투데이?

녹음을 듣고 소리내어 읽어보세요?

A: **Is something wrong with you?**

이즈 썸씽 롱 윗 유?

B: **I have a headache.**

아이 햅 어 헤드에익.

A: **Do you have any other symptoms with it?**

두 유 햅 애니 어더 심프텀즈 윗 잇?

B: **I feel tired and run down.**

아이 필 타이어드 앤 런 다운.

A: 어디가 아프세요?

B: 머리가 아파요.

A: 다른 증상은요?

B: 피곤하고 기운이 없어요.

Check Point!

진찰을 받을 때는 의사가 물어보는 내용을 잘 이해하고 대답해야 해요. 병원에 가기 전에 What brings you here?(어떻게 오셨어요?) / What are your symptoms?(어디가 불편하세요?) / When did it start hurting.(언제부터 아팠어요?) / How dose it hurt?(어떻게 아프세요?) / Are you allergic to anything?(알레르기 있어요?) 등의 질문을 미리 알아두세요.

어지러워요.

I feel dizzy.

아이 필 디지.

구역질이 나요.

I feel nauseous.

아이 필 노시어스.

feel nauseated 구역질이 나다

식욕이 없어요.

I don't have any appetite.

아이 돈ㅌ 햅 애니 애퍼타잇.

appetite 식욕

배탈이 났어요.

My stomach is upset.

마이 스터먹 이즈 업셋.

배탈이 나거나 속이 메슥거릴 때 쓰는 표현이다

눈이 피곤해요.

My eyes feel tired.

마이 아이즈 필 타이어드.

feel tired 피로를 느끼다

콧물이 나요.

I have a runny nose.

아이 햅 어 러니 노우즈.

have a running nose 콧물이 나다

Mini Talk

녹음을 듣고 소리내어 읽어보세요?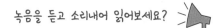

A: # How long have you been coughing?

하우 롱 햅 유 빈 코우칭?

B: # Oh, about three days.

오, 어바웃 쓰리 데이즈.

A: # I think it's a common cold.

아이 씽크 잇츠 어 카먼 콜드.

B: # I ache all over.

아이 에익 올 오우버.

A: 기침한 지 얼마나 됐어요?

B: 아, 한 사흘쯤 됐어요.

A: 그냥 일반 감기 같습니다.

B: 온몸이 쑤시고 아파요.

Check Point!

의사에게 증세를 설명하려면 미리 자신의 증세에 맞는 표현을 구체적으로 다양하게 준비해야 해요. I have a rash on my arm, and It's very itchy.(팔에 두드러기가 났는데 무척 간지러워요). a rash는 홍역이나 알레르기로 피부에 난 두드러기이고, 근질근질하고 가려운 것은 itchy예요. I have a stiff neck. (목이 뻐근해요) / I've lost my appetite.(식욕이 없어요)

Basic Expression

듣기

머리가 아파요.

I have a headache.
아이 햅 어 헤드에익.

headache 두통

눈이 따끔거려요.

My eyes feel sandy.
마이 아이즈 필 샌디.

feel sandy 모래가 든 것처럼 느끼다

이가 아파요.

I have a toothache.
아이 햅 어 투쓰에익.

toothache 치통

목이 아파요.

I have a sore throat.
아이 햅 어 쏘어 쓰롯.

have a sore throat 목이 아프다[따갑다]

무릎이 아파요.

I have a pain in my knee.
아이 햅 어 페인 인 마이 니.

knee 무릎

어깨가 뻐근해요.

My shoulders are stiff.
마이 숄더즈 알 스팁.

stiff 뻣뻣한, 뻑뻑한

Mini Talk

녹음을 듣고 소리내어 읽어보세요?

A: **What's wrong?**

윗츠 롱?

B: **My eyes get red and tired easily.**

마이 아이즈 겟 레드 앤 타이어드 이즐리.

A: **Put your forehead on here.**

풋 유얼 포어헤드 온 히얼.

B: **I get dizzy when I stand up.**

아이 겟 디지 웬 아이 스탠드 업.

A: 어디가 아프시죠?

B: 눈이 쉬 충혈되고 피곤해요.

A: 이마를 여기에 대세요.

B: 일어서면 현기증도 나요.

Check Point!

ache는 headache(두통), toothache(치통)처럼 특정 신체 부위가 지속적으로 아프지만 심각하진 않은 통증을 말하고, pain은 ache보다 더 아프고 갑작스러워서 그냥 넘어갈 수 없는 통증을 말해요. 날카롭고 심한 고통은 a sharp pain, 약해서 견딜만한 고통은 a dull pain이에요. I ache all over.(온몸이 다 아파요) / I have chest pain.(가슴에 통증이 있어요)

진찰해 봅시다.

Let me see.

렛 미 씨.

누우세요.

Please lie down.

플리즈 라이 다운.

체온을 재 봅시다.

Let's take your temperature.

렛츠 테익 유얼 템퍼러처.

temperature 체온; (몸의) 신열[고열]

혈압을 재 봅시다.

Let's take your blood pressure.

렛츠 테익 유얼 블러드 프레셔.

blood pressure 혈압

목을 검사해 보겠습니다.

Let me examine your throat.

렛 미 이그재민 유얼 쓰롯.

examine 검사하다

내려오세요.

Get down.

겟 다운.

Mini Talk

녹음을 듣고 소리내어 읽어보세요?

A: **I'm afraid my blood pressure is high.**

아임 어프레이드 마이 블러드 프레서 이즈 하이.

B: **You should take a rest for a couple of days.**

유 슈드 테익 어 레스트 풔 어 커플 옵 데이즈.

A: **Are you allergic to any medicine?**

알 유 얼러직 투 애니 메디슨?

B: **No, I don't think so.**

노우, 아이 돈ㅌ 씽크 쏘우.

A: 저는 혈압이 높은 것 같아요.

B: 이틀 정도 쉬셔야 될 것 같습니다.

A: 약 알레르기 있으세요?

B: 아뇨, 없는 것 같아요.

Check Point!

건강검진은 medical check-up이라고 해요. I'm here for a check-up.(건강검진 받으러 왔어요) 주요 검사 항목은 physical examination(신체검사) / breast cancer screening(유방암 검사) / a blood test(혈액검사) / a urine test(소변검사) / gastroscopy(위 내시경) / colonoscopy(대장 내시경) / conscious sedation endoscopy(수면 내시경) 등이 있어요.

Basic Expression

1인실로 주세요.

I want to have a private room.

아이 원ㅌ 투 햅 어 프리베잇 룸.

a private room 1인실, 전용실

공동 병실도 괜찮아요.

I'll be all right in a ward.

아일 비 올 라잇 인 어 워드.

in a ward 병동에

꼭 입원해야 하나요?

Do I have to go to the hospital?

두 아이 햅 투 고우 투 더 하스피틀?

have to …해야 한다

얼마나 입원해야 해요?

How long will I have to be in the hospital?

하우 롱 윌 아이 햅 투 비 인 더 하스피틀?

입원해도 보험이 적용될까요?

Will my insurance policy cover hospitalization?

윌 마이 인슈어런스 폴리시 커버 하스피틀라이제이션?

언제 퇴원할 수 있죠?

When can I leave the hospital?

웬 캔 아이 리브 더 하스피틀?

Mini Talk

녹음을 듣고 소리내어 읽어보세요?

A: **You should be hospitalized.**

유 슈드 비 하스피틀라이즈드.

B: **How long?**

하우 롱?

A: **I would like you to be in the hospital for one week.**

아이 우드 라익 유 투 비 인 더 하스피털 풔 원 윅.

B: **I want to have a private room if possible.**

아이 원ㅌ 투 햅 어 프라이벗 룸 입 파서블.

A: 입원하셔야 됩니다.

B: 얼마나요?

A: 일주일 동안 입원하시면 좋겠습니다.

B: 가능하면 1인실을 주세요.

Check Point!

'병원에 입원하다'는 go into a hospital / enter a hospital / be hospitalized 라고 표현해요. 그냥 간단하게 I am hospitalized. / I am in the hospital. / I stay in the hospital.라고 해도 되고요. '병원에서 퇴원하다'는 leave the hospital / get out of the hospital, be discharged from the hospital이 라고 표현해요.

면회 시간은 언제죠?

What time are visiting hours?

윗 타임 알 비지팅 아워즈?

visiting hours (병원 등의) 면회 시간

외과 병동은 어디 있어요?

Where is the surgical ward?

웨얼 이즈 더 서지컬 워드?

surgical ward 외과진료실

생각보다 건강해 보이네요.

You look better than I expected.

유 룩 베러 댄 아이 익스펙티드.

better than ~보다 낫다

틀림없이 곧 완쾌될 겁니다.

I'm sure you'll be completely cured.

아임 슈얼 유일 비 컴플리틀리 큐어드.

편하게 생각하고 푹 쉬세요.

Just take everything easy and relax.

저슷 테익 애브리씽 이지 앤 릴렉스.

몸조리 잘 하세요.

Please take good care of yourself.

플리즈 테익 굿 케어롭 유얼셀프.

Mini Talk

녹음을 듣고 소리내어 읽어보세요?

A: **Hi, Jane. How are you feeling?**
하이, 제인. 하우 알 유 필링?

B: **I'm feeling much better. Thank you.**
아임 필링 머치 베러. 땡큐.

A: **Get well soon.**
겟 웰 쑨.

B: **Thank you for coming by.**
땡큐 풔 커밍 바이.

A: 안녕, 제인. 좀 어때?

B: 많이 좋아졌어. 고마워.

A: 빨리 낫길 바라.

B: 와줘서 고마워.

 Check Point!

누가 병원에 입원했다는 소식을 들으면 마음이 편치 않아요. 요즘은 병문안
이 오히려 환자에게 폐가 된다는 인식 때문에 아주 가까운 사람이 아니면 문
자나 이메일, SNS 등으로 병문안을 하는 추세예요. get better/get well(낫
다, 쾌유하다)를 써서, I am sorry to hear that you are not feeling well.
Get well soon!(편찮으시다면서요? 빨리 회복하세요!)라고 위로하세요.

이 약은 처방전이 필요합니까?

Is this a prescription drug?

이즈 디스 어 프리스크립션 드럭?

prescriptions 처방전

이 처방전을 조제해 주시겠어요?

Would you make up this prescription, please?

우쥬 메익 업 디스 프리스크립션, 플리즈?

붕대와 거즈 주세요.

I'd like some bandages and gauze.

아이드 라익 썸 밴디지스 앤 거즈.

medicine (특히 액체로 된) 약, 약물

감기약 주세요.

I'd like some medicine for the cold.

아이드 라익 썸 메디슨 풔 더 콜드.

여기 진통제가 들어 있습니까?

Is there any pain-killer in this?

이즈 데얼 애니 페인-킬러 인 디스?

pain-killer 진통제 relieve (불쾌감, 고통 등을) 없애[덜어] 주다

이 약을 먹으면 통증이 가라앉을까요?

Will this medicine relieve my pain?

윌 디스 메디슨 릴리브 마이 페인?

Mini Talk

녹음을 듣고 소리내어 읽어보세요?

A: **How many times a day should I take this?**

하우 메니 타임즈 어 데이 슛 아이 테익 디스?

B: **You should take it every four hours.**

유 슈드 테익 잇 애브리 포어 아워즈.

A: **Isn't there any adverse reaction?**

이즌ㅌ 데얼 애니 애드버스 리액션?

B: **Not that I know of.**

낫 댓 아이 노우 옵.

A: 하루에 몇 번 먹어요?

B: 4시간마다 드세요.

A: 부작용은 없나요?

B: 제가 아는 바로는 없습니다.

Check Point!

약국은 pharmacy와 drugstore 두 종류가 있는데, 영국이나 미국의 약국은 보통 마트 안에 있어요. pharmacy는 약과 의약품을 조제하고 판매하는 곳, 즉 우리식 약국이에요. drugstore는 의약품뿐만 아니라 신문, 캔디, 비누 등의 여러 가지 상품을 함께 파는 약국이에요. 처방전이 필요 없는 종류의 약, 응급상자용 비상약품은 모두 이곳에서 구입할 수 있어요.

★ 앞에서 배운 대화 내용입니다. 한글을 영어로 말해보세요. 잘 모르시겠다고요?
걱정마세요. 녹음이 있잖아요. 그리고 정답은 각 유닛에서 확인하세요.

01 A: 여보세요. 제인 있어요?

　　B: **Yes, speaking.**

02 A: 안녕하세요, 제인입니다.

　　B: **Hello, Jack, please.**

03 A: **Hello, this is Jane.** 잭 좀 바꿔주실래요?

　　B: 지금 없는데요. **He's out for playing baseball.**

04 A: 오늘 만날 수 있을까요?

　　B: **I can't make it today, How about tomorrow?**

05 A: **Jane,** 일 끝나고 한 잔 할래요?

　　B: **I'd love to.**

06 A: 내 생일 파티에 널 초대하고 싶어.

　　B: **When?**

07 A: **We're having a party tonight. Can you come?**

　　B: **Sorry,** 다른 약속이 있어.

08 A: 제가 너무 일찍 왔나요?

　　B: **No, Alan and Emily are already here.**

09 A: 안녕하세요! 어서 오세요.

　　B: **You have a nice house.**

10 A: 많이 드세요.

　　B: **This fried salmon is excellent.**

11 A: 정말 즐거웠어요. 감사합니다.

　　B: **Do you really have to go?**

12 A: 어떻게 해야 할지 모르겠어요.

　　B: **What's wrong?**

13 A: 영어하세요?

B: **I don't speak English well.**

14 A: 도와주세요!

B: **Are you hurt?**

15 A: 분실물 취급소는 어디 있어요?

B: **What's up?**

16 A: **Officer,** 도난신고를 하고 싶어요.

B: **Yes, what was stolen?**

17 A: **My car skidded on the snow.**

B: 다쳤어요?

18 A: **Excuse me,** 접수처가 어디 있어요?

B: **Go up this way, it's on your right side.**

19 A: 어디가 아프세요?

B: **I have a headache.**

20 A: 기침한 지 얼마나 됐어요?

B: **Oh, about three days.**

21 A: **What's wrong?**

B: 눈이 쉬 충혈되고 피곤해요.

22 A: 저는 혈압이 높은 것 같아요.

B: **You should take a rest for a couple of days.**

23 A: 입원하셔야 됩니다.

B: **How long?**

24 A: **Hi, Jane.** 좀 어때?

B: **I'm feeling much better. Thank you.**

25 A: 하루에 몇 번 먹어요?

B: **You should take it every four hours.**

WORD

부록

Expression

Wow~

Word

회화를 위한
기본단어

■ 수 numbers

- [ ] **one** 1
- [ ] **two** 2
- [ ] **three** 3
- [ ] **four** 4
- [ ] **five** 5
- [ ] **six** 6
- [ ] **seven** 7
- [ ] **eight** 8
- [ ] **nine** 9
- [ ] **ten** 10
- [ ] **eleven** 11
- [ ] **twelve** 12
- [ ] **thirteen** 13
- [ ] **fourteen** 14
- [ ] **fifteen** 15
- [ ] **sixteen** 16
- [ ] **seventeen** 17
- [ ] **eighteen** 18
- [ ] **nineteen** 19
- [ ] **twenty** 20
- [ ] **thirty** 30
- [ ] **forty** 40
- [ ] **fifty** 50
- [ ] **sixty** 60
- [ ] **seventy** 70
- [ ] **eighty** 80
- [ ] **ninety** 90
- [ ] **one hundred** 100
- [ ] **one thousand** 1,000
- [ ] **ten thousand** 10,000
- [ ] **first** 첫째

- [ ] **second** 둘째
- [ ] **third** 셋째
- [ ] **fourth** 넷째
- [ ] **fifth** 다섯째
- [ ] **sixth** 여섯째
- [ ] **seventh** 일곱째
- [ ] **eighth** 여덟째
- [ ] **ninth** 아홉째
- [ ] **tenth** 열째

■ 주 week

- [ ] **Sunday** 일요일
- [ ] **Monday** 월요일
- [ ] **Tuesday** 화요일
- [ ] **Wednesday** 수요일
- [ ] **Thursday** 목요일
- [ ] **Friday** 금요일
- [ ] **Saturday** 토요일

■ 월 month

- [ ] **January** 1월
- [ ] **February** 2월
- [ ] **March** 3월
- [ ] **April** 4월
- [ ] **May** 5월
- [ ] **June** 6월
- [ ] **July** 7월
- [ ] **August** 8월
- [ ] **September** 9월
- [ ] **October** 10월
- [ ] **November** 11월
- [ ] **December** 12월

■ 형태 shape

- [ ] **line** 선
- [ ] **dot** 점
- [ ] **triangle** 삼각형
- [ ] **square** 정사각형
- [ ] **rectangle** 직사각형
- [ ] **diamond** 마름모
- [ ] **pentagon** 오각형
- [ ] **circle** 원
- [ ] **oval** 타원형
- [ ] **cube** 정육면체
- [ ] **sphere** 구, 공 모양
- [ ] **cone** 원뿔
- [ ] **cylinder** 원통형
- [ ] **pyramid** 피라미드
- [ ] **ring** 반지 모양
- [ ] **star** 별 모양
- [ ] **heart** 하트 모양

■ 신체 body

- [ ] **head** 머리
- [ ] **hair** 머리칼
- [ ] **forehead** 이마
- [ ] **face** 얼굴
- [ ] **eyebrow** 눈썹
- [ ] **eye** 눈
- [ ] **ear** 귀
- [ ] **nose** 코
- [ ] **cheek** 볼, 뺨
- [ ] **mouth** 입
- [ ] **tooth** 이
- [ ] **lip** 입술

□ tongue 혀
□ chin 턱
□ neck 목
□ shoulder 어깨
□ chest 가슴
□ stomach 배
□ back 등허리
□ bottom 엉덩이
□ arm 팔
□ elbow 팔꿈치
□ wrist 손목
□ hand 손
□ finger 손가락
□ thumb 엄지손가락
□ palm 손바닥
□ fingernail 손톱
□ leg 다리
□ knee 무릎
□ ankle 발목
□ foot 발
□ heel 발뒤꿈치
□ toe 발가락

가족 family

□ grandfather 할아버지
  = grandpa
□ grandmother 할머니
  = grandma
□ father 아버지 = daddy, dad
□ mother 어머니
  = mommy, mom
□ uncle 삼촌, 숙부, 고모부,
  이모부

□ aunt 숙모, 고모, 이모
□ brother 형, 오빠, 남동생
□ sister 누나, 언니, 여동생
□ cousin 사촌 형제
□ son 아들
□ daughter 딸
□ grandson 손자
□ granddaughter 손녀
□ grandchild 손자, 손녀
□ baby 아기
□ nephew 남조카
□ niece 여조카

집 house

□ living room 거실
□ bedroom 침실
□ kitchen 주방
□ dining room 식당
□ bathroom 화장실
□ attic 다락방
□ yard 마당
□ gate 대문
□ fence 담, 울타리
□ garden 정원
□ upstairs 위층
□ downstairs 아래층
□ basement 지하실
□ roof 지붕
□ chimney 굴뚝
□ ceiling 천장
□ wall 벽
□ floor 마루, 바닥

□ door 문
□ window 창문
□ stairs 계단
□ garage 차고
□ car 자동차
□ bicycle 자전거
□ tricycle 세발자전거
□ lawn mower 잔디깎기

거실 living room

□ picture 그림
□ curtain 커튼
□ shade 햇빛가리개
□ blind 블라인드
□ vase 꽃병
□ vacuum cleaner
  진공청소기
□ washer 세탁기
  = washing machine
□ bookcase 책장
□ switch 전기스위치
□ shelf 선반
□ TV 텔레비전
□ VCR 비디오
□ stereo system 오디오
  = sound system
□ couch 소파 = sofa
□ armchair 안락의자
□ light 전등
□ telephone 전화
□ coffee table 탁자
□ piano 피아노
□ rug 양탄자

- ☐ **lamp** 전등
- ☐ **fan** 선풍기
- ☐ **air conditioner** 에어컨
- ☐ **flashlight** 회중전등
  = torch
- ☐ **iron** 다리미
- ☐ **candle** 양초
- ☐ **match** 성냥
- ☐ **pig bank** 돼지저금통
- ☐ **newspaper** 신문
- ☐ **magazine** 잡지

■ 침실 bedroom

- ☐ **closet** 벽장
- ☐ **wardrobe** 옷장
- ☐ **hanger** 옷걸이
- ☐ **bed** 침대
- ☐ **blanket** 담요
- ☐ **pillow** 베개
- ☐ **sheet** 시트
- ☐ **slipper** 슬리퍼
- ☐ **CD-player** CD플레이어
- ☐ **cassette player**
  카세트 플레이어
- ☐ **computer** 컴퓨터
- ☐ **monitor** 모니터
- ☐ **keyboard** 자판
- ☐ **mouse** 마우스
- ☐ **printer** 프린터
- ☐ **alarm clock** 자명종시계
- ☐ **toy chest** 장난감상자
- ☐ **puppet** 꼭두각시인형
- ☐ **ball** 공

- ☐ **dice** 주사위
- ☐ **toy** 장난감
- ☐ **jump rope** 줄넘기
- ☐ **balloon** 풍선
- ☐ **teddy bear** 곰인형
- ☐ **doll** 인형
- ☐ **yo-yo** 요요
- ☐ **magnet** 자석
- ☐ **puzzle** 그림맞추기
  = jigsaw puzzle
- ☐ **whistle** 호루라기
- ☐ **top** 팽이
- ☐ **blocks** 블록
- ☐ **drum** 북
- ☐ **marble** 구슬

■ 화장실 bathroom

- ☐ **sink** 세면대
- ☐ **bathtub** 욕조
- ☐ **shower** 샤워기
- ☐ **tap** 수도꼭지 = faucet
- ☐ **perfume** 향수
- ☐ **toilet** 변기
- ☐ **bath mat** 매트
- ☐ **mirror** 거울
- ☐ **shampoo** 샴푸
- ☐ **toilet paper** 화장지
- ☐ **body lotion** 바디로션
- ☐ **toothpaste** 치약
- ☐ **toothbrush** 칫솔
- ☐ **soap** 비누
- ☐ **towel** 수건

- ☐ **comb** 빗
- ☐ **rinse** 린스

■ 주방 kitchen

- ☐ **table** 식탁
- ☐ **chair** 의자
- ☐ **refrigerator** 냉장고
- ☐ **freezer** 냉동고
- ☐ **kitchen sink** 싱크대
- ☐ **cupboard** 찬장
- ☐ **microwave oven**
  전자레인지
- ☐ **range** 가스레인지 = stove
- ☐ **garbage can**
  쓰레기 통 = waste bin
- ☐ **sponge** 스펀지
- ☐ **blender** 믹서
- ☐ **toaster** 토스터
- ☐ **kettle** 주전자
- ☐ **opener** 병따개
- ☐ **spoon** 숟가락
- ☐ **fork** 포크
- ☐ **knife** 칼
- ☐ **frying pan** 프라이팬
- ☐ **pot** 냄비
- ☐ **glass** 유리컵
- ☐ **cup** 컵
- ☐ **saucer** 잔받침
- ☐ **mug** 머그잔
- ☐ **dish** 접시 = plate
- ☐ **dish towel** 행주
- ☐ **apron** 앞치마
- ☐ **bowl** 그릇, 사발

- [ ] can 통조림 캔
- [ ] bottle 병
- [ ] butter 버터
- [ ] milk 우유
- [ ] flour 밀가루
- [ ] sugar 설탕
- [ ] salt 소금
- [ ] cheese 치즈
- [ ] egg 달걀
- [ ] cereal 시리얼
- [ ] juice 주스
- [ ] jam 잼
- [ ] bread 빵

■ 색깔 color

- [ ] red 빨강
- [ ] orange 주황
- [ ] yellow 노랑
- [ ] green 초록
- [ ] blue 파랑
- [ ] purple 보라
- [ ] brown 갈색
- [ ] light blue 하늘색
- [ ] light green 연녹색
- [ ] black 검정색
- [ ] white 흰색
- [ ] gray 회색
- [ ] pink 분홍
- [ ] violet 제비꽃색
- [ ] tan 황갈색
- [ ] navy blue 감청색
- [ ] sky blue 하늘색

■ 교실 classroom

- [ ] teacher 선생님
- [ ] student 학생
- [ ] board 칠판
- [ ] flag 깃발
- [ ] bulletin board 게시판
- [ ] globe 지구본
- [ ] map 지도
- [ ] calendar 달력
- [ ] wastepaper basket 휴지통
- [ ] desk 책상
- [ ] chair 의자
- [ ] pencil sharpener 연필깎이
- [ ] eraser 지우개
- [ ] rubber 고무지우개
- [ ] chalk 분필
- [ ] calculator 계산기
- [ ] ruler 자
- [ ] pen 펜
- [ ] pencil 연필
- [ ] pencil case 필통
- [ ] book 책
- [ ] textbook 교과서
- [ ] notebook 공책
- [ ] crayon 크레용
- [ ] glue 접착제
- [ ] paste 풀
- [ ] scissors 가위
- [ ] paper 종이
- [ ] easel 이젤

- [ ] paintbrush 그림붓
- [ ] paint 물감

■ 동물원 zoo

- [ ] animal 동물
- [ ] fox 여우
- [ ] wolf 늑대
- [ ] deer 사슴
- [ ] camel 낙타
- [ ] ostrich 타조
- [ ] giraffe 기린
- [ ] elephant 코끼리
- [ ] zebra 얼룩말
- [ ] hippo 하마 = hippopotamus
- [ ] lion 사자
- [ ] tiger 호랑이
- [ ] bear 곰
- [ ] koala 코알라
- [ ] panda 판다
- [ ] gorilla 고릴라
- [ ] kangaroo 캥거루
- [ ] monkey 원숭이
- [ ] tortoise 육지거북
- [ ] snake 뱀
- [ ] crocodile 악어
- [ ] cheetah 치타
- [ ] leopard 표범
- [ ] rhino 코뿔소 = rhinoceros
- [ ] squirrel 다람쥐
- [ ] rabbit 토끼
- [ ] hamster 햄스터
- [ ] iguana 이구아나

- [ ] frog 개구리
- [ ] whale 고래
- [ ] dolphin 돌고래
- [ ] turtle 바다거북
- [ ] penguin 펭귄
- [ ] seal 물개
- [ ] crab 게
- [ ] shark 상어
- [ ] octopus 낙지
- [ ] squid 오징어
- [ ] lobster 바다가재
- [ ] shrimp 새우
- [ ] horse 말
- [ ] pig 돼지
- [ ] sheep 양
- [ ] lamb 새끼 양
- [ ] goat 염소
- [ ] shell 조개
- [ ] bird 새
- [ ] bat 박쥐
- [ ] crow 까마귀
- [ ] parrot 앵무새
- [ ] swan 백조
- [ ] sea gull 갈매기
- [ ] swallow 제비
- [ ] peacock 공작
- [ ] pigeon 비둘기 = dove
- [ ] duck 오리
- [ ] hen 암탉
- [ ] cock 수탉 = rooster
- [ ] chicken 병아리
- [ ] dog 개

- [ ] butterfly 나비
- [ ] ant 개미
- [ ] spider 거미
- [ ] dragonfly 잠자리
- [ ] caterpillar 쐐기 애벌레
- [ ] bee 벌
- [ ] ladybird 무당벌레 = ladybug
- [ ] worm 벌레
- [ ] cow 소
- [ ] calf 송아지
- [ ] puppy 강아지
- [ ] cat 고양이
- [ ] kitten 새끼 고양이
- [ ] mouse 생쥐
- [ ] rat 쥐

■ 공원 park

- [ ] flower 꽃
- [ ] tree 나무
- [ ] grass 잔디
- [ ] bench 벤치
- [ ] fountain 분수
- [ ] rest rooms 화장실
- [ ] drinking fountain 분수식 수도
- [ ] playground 운동장
- [ ] seesaw 시소
- [ ] swing 그네
- [ ] merry-go-round 회전목마
- [ ] slide 미끄럼틀
- [ ] sand box 모래터
- [ ] hopscotch 돌차기 놀이

- [ ] hide and seek 술래잡기
- [ ] jump rope 줄넘기
- [ ] tricycle 세발자전거
- [ ] bicycle 자전거
- [ ] volleyball 배구공
- [ ] basketball 농구공
- [ ] helmet 헬멧
- [ ] football 축구공
- [ ] baseball bat 야구방망이
- [ ] baseball 야구공
- [ ] mitt 포수용 야구장갑
- [ ] glove 야구장갑
- [ ] kite 연
- [ ] model airplane 모형비행기
- [ ] skateboard 스케이트보드
- [ ] roller skate 롤러스케이트
- [ ] roller blade 롤러블레이드

■ 계절 season / 날씨 weather

- [ ] season 계절
- [ ] spring 봄
- [ ] summer 여름
- [ ] fall 가을 = autumn
- [ ] winter 겨울
- [ ] hot 더운
- [ ] warm 따뜻한
- [ ] cool 선선한
- [ ] chilly 으스스한
- [ ] cold 추운
- [ ] freezing 어는, 몹시 추운
- [ ] weather 날씨, 기후

- [ ] **sunny** 화창한, 맑게 갠
- [ ] **clear** 맑은
- [ ] **cloudy** 흐린, 구름 낀
- [ ] **wet** 축축한, 비 내리는
- [ ] **drizzly** 가랑비 내리는
- [ ] **rainy** 비가 오는
- [ ] **windy** 바람 부는
- [ ] **stormy** 폭풍우가 부는
- [ ] **snowy** 눈이 내리는
- [ ] **sleety** 진눈깨비가 오는
- [ ] **foggy** 안개가 자욱한
- [ ] **shower** 소나기
- [ ] **lightning** 번개
- [ ] **thunder** 천둥, 천둥치다
- [ ] **rain** 비, 비가 오다
- [ ] **drizzle** 이슬비, 이슬비가 내리다
- [ ] **snow** 눈, 눈이 오다
- [ ] **sleet** 진눈깨비, 진눈깨비가 오다
- [ ] **cloud** 구름

■ 도시 city

- [ ] **highway** 간선도로
- [ ] **freeway** 고속도로
- [ ] **tunnel** 터널
- [ ] **bridge** 다리
- [ ] **airport** 공항
- [ ] **harbor** 항구
- [ ] **train station** 기차역
- [ ] **subway station** 지하철역
- [ ] **bus terminal** 버스터미널

- [ ] **bus stop** 버스정류장
- [ ] **taxi stand** 택시승차장
- [ ] **overhead bridge** 육교
- [ ] **underpass** 지하도
- [ ] **intersection** 교차로
- [ ] **parking lot** 주차장
- [ ] **sidewalk** 인도, 보도
- [ ] **street** 차도, 거리
- [ ] **crosswalk** 횡단보도
- [ ] **steps** 계단
- [ ] **road sign** 거리표지판
- [ ] **trash can** 쓰레기통
- [ ] **corner** 길모퉁이
- [ ] **street light** 가로등
- [ ] **mailbox** 우체통
- [ ] **traffic light** 신호등
- [ ] **telephone booth** 공중전화부스
- [ ] **library** 도서관
- [ ] **school** 학교
- [ ] **bank** 은행
- [ ] **park** 공원
- [ ] **fire station** 소방서
- [ ] **office building** 사무실 빌딩
- [ ] **post office** 우체국
- [ ] **police station** 경찰서
- [ ] **hospital** 병원
- [ ] **hotel** 호텔
- [ ] **movie theater** 영화관
- [ ] **museum** 박물관
- [ ] **gas station** 주유소
  = service station

- [ ] **department store** 백화점
- [ ] **supermarket** 슈퍼마켓
- [ ] **convenience store** 편의점
- [ ] **discount store** 할인점
- [ ] **newsstand** 신문가판대
- [ ] **street vendor** 노점상
- [ ] **bakery** 제과점
- [ ] **barber shop** 이발소
- [ ] **child-care center** 육아원
- [ ] **cleaners** 세탁소
  = dry cleaners
- [ ] **coffee shop** 다방
- [ ] **drug store** 잡화점
- [ ] **pharmacy** 약국
- [ ] **florist shop** 꽃가게
  = flower shop
- [ ] **grocery store** 식료품점
- [ ] **hair salon** 미용실
- [ ] **hardware store** 철물점
- [ ] **ice cream shop** 아이스크림 가게
- [ ] **book store** 책방
- [ ] **fast food restaurant** 간이식품점
- [ ] **music store** 음반판매점
- [ ] **pet shop** 애완동물 가게
- [ ] **restaurant** 음식점
- [ ] **shoe store** 제화점
- [ ] **toy store** 장난감 가게
- [ ] **video store** 비디오 가게
- [ ] **eyeglass store** 안경점
  = vision center

- [ ] bus 버스
- [ ] truck 트럭
- [ ] taxi 택시
- [ ] train 기차, 열차
- [ ] subway 지하철
- [ ] limousine 리무진
- [ ] helicopter 헬리콥터
- [ ] airplane 비행기
- [ ] van 승합차
- [ ] car 승용차
- [ ] boat 보트
- [ ] shuttle bus 셔틀버스
- [ ] ship 배, 선박
- [ ] motorcycle 오토바이
- [ ] fire engine 소방차
- [ ] ambulance 구급차
- [ ] police car 경찰차
- [ ] submarine 잠수함

■ 과일 fruits / 야채 vegetables

- [ ] fruit 과일
- [ ] vegetable 채소
- [ ] cherry 체리
- [ ] tomato 토마토
- [ ] strawberry 딸기
- [ ] watermelon 수박
- [ ] pineapple 파인애플
- [ ] apple 사과
- [ ] pear 배
- [ ] orange 오렌지
- [ ] peach 복숭아

- [ ] lemon 레몬
- [ ] banana 바나나
- [ ] potato 감자
- [ ] celery 샐러리
- [ ] bean 콩
- [ ] pumpkin 호박
- [ ] mushroom 버섯
- [ ] eggplant 가지
- [ ] cabbage 양배추
- [ ] grape 포도
- [ ] carrot 당근
- [ ] lettuce 상추
- [ ] corn 옥수수
- [ ] green pepper 피망
- [ ] onion 양파
- [ ] cucumber 오이
- [ ] spinach 시금치
- [ ] broccoli 브로콜리
- [ ] garlic 마늘
- [ ] chili 칠리고추

■ 옷 clothes

- [ ] clothes 옷, 의류
- [ ] coat 외투
- [ ] suit 옷 한 벌
- [ ] dress 의복, 드레스
- [ ] jacket 재킷
- [ ] sweater 스웨터
- [ ] vest 조끼
- [ ] blouse 블라우스
- [ ] T-shirt T셔츠
- [ ] shirt 셔츠

- [ ] jeans 청바지 = blue jeans
- [ ] pants 바지
- [ ] shorts 반바지
- [ ] skirt 치마
- [ ] swimsuit 수영복
- [ ] underwear 속옷
- [ ] sweatshirt 운동복
- [ ] raincoat 비옷

■ 장신구 personal ornaments

- [ ] boots 부츠
- [ ] sneakers 운동화
- [ ] shoes 신발
- [ ] stockings 스타킹
- [ ] socks 양말
- [ ] tie 넥타이
- [ ] handkerchief 손수건
- [ ] belt 벨트
- [ ] wallet 지갑
- [ ] change purse 동전지갑
- [ ] purse 손가방 = handbag
- [ ] shoulder bag 배낭
- [ ] book bag 책가방
- [ ] backpack 등에 매는 가방
- [ ] umbrella 우산
- [ ] watch 손목시계 = wrist watch
- [ ] ring 반지
- [ ] earings 귀걸이
- [ ] necklace 목걸이
- [ ] sunglasses 선글라스
- [ ] key chain 열쇠고리
  = key ring

■ 직업 occupation

- [ ] farmer 농부
- [ ] fisherman 어부
- [ ] teacher 교사
- [ ] doctor 의사
- [ ] nurse 간호사
- [ ] dentist 치과의사
- [ ] factory-worker 공장 근로자
- [ ] office-worker 사무직 근로자
- [ ] reporter 기자
- [ ] lawyer 변호사
- [ ] pilot 비행기 조종사
- [ ] stewardess 스튜어디스
- [ ] postman 우편배달부
- [ ] police officer 경찰관
- [ ] fire fighter 소방수
- [ ] soldier 군인
- [ ] scientist 과학자
- [ ] bank teller 은행원
- [ ] actor 배우
- [ ] actress 여배우
- [ ] artist 미술가
- [ ] secretary 비서
- [ ] salesperson 판매원
- [ ] taxi driver 택시기사
- [ ] bus driver 버스운전기사
- [ ] barber 이발사
- [ ] butcher 정육점 주인
- [ ] cook 요리사
- [ ] hairdresser 미용사
- [ ] housekeeper 파출부
- [ ] waiter 웨이터, 급사
- [ ] waitress 웨이트리스, 여급사
- [ ] janitor 수위

■ 음식 food

- [ ] hot dog 핫도그
- [ ] sandwich 샌드위치
- [ ] hamburger 햄버거
- [ ] french fries 감자튀김
- [ ] pizza 피자
- [ ] chicken 닭고기
- [ ] spaghetti 스파게티
- [ ] meatball 미트볼
- [ ] steak 스테이크
- [ ] fish 생선
- [ ] rice 쌀밥
- [ ] potatoes 감자
- [ ] egg 달걀
- [ ] salad 샐러드
- [ ] cake 케이크
- [ ] soup 수프
- [ ] ketchup 케첩
- [ ] mustard 겨자
- [ ] salt 소금
- [ ] pepper 후추
- [ ] drink 음료
- [ ] soda 탄산음료
- [ ] bread 빵
- [ ] coke 콜라
- [ ] tea 홍차
- [ ] coffee 커피
- [ ] juice 주스
- [ ] water 물
- [ ] milk 우유
- [ ] jelly 젤리
- [ ] ice cream 아이스크림
- [ ] candy 사탕
- [ ] chocolate 초콜릿
- [ ] peanut 땅콩

■ 천체 heavenlybody / 자연 nature

- [ ] universe 우주
- [ ] sun 태양
- [ ] moon 달
- [ ] star 별
- [ ] Mercury 수성
- [ ] Venus 금성
- [ ] Earth 지구
- [ ] Mars 화성
- [ ] Jupiter 목성
- [ ] Saturn 토성
- [ ] satellite 인공위성
- [ ] astronaut 우주비행사
- [ ] rocket 로켓
- [ ] space shuttle 우주왕복선
- [ ] U.F.O. 미확인 비행물체
- [ ] nature 자연
- [ ] sky 하늘
- [ ] land 육지
- [ ] sea 바다
- [ ] field 들판
- [ ] hill 언덕
- [ ] mountain 산

- ☐ forest 숲
- ☐ valley 계곡
- ☐ cliff 절벽
- ☐ island 섬
- ☐ beach 해안
- ☐ river 강
- ☐ stream 시내, 개울
- ☐ lake 호수
- ☐ pond 연못
- ☐ waterfall 폭포
- ☐ rock 바위
- ☐ animal 동물
- ☐ plant 식물
- ☐ fish 물고기
- ☐ bird 새
- ☐ tree 나무
- ☐ leaf 나뭇잎
- ☐ flower 꽃
- ☐ cloud 구름
- ☐ rain 비
- ☐ snow 눈
- ☐ wind 바람
- ☐ wave 파도
- ☐ air 공기
- ☐ water 물
- ☐ ice 얼음

학과목 subject

- ☐ art 미술
- ☐ mathematics 수학
- ☐ English 영어
- ☐ French 불어

- ☐ Spanish 스페인어
- ☐ chemistry 화학
- ☐ biology 생물
- ☐ geography 지리
- ☐ history 역사
- ☐ music 음악
- ☐ law 법
- ☐ physical education 체육
- ☐ science 과학
- ☐ Korean 국어
- ☐ physics 물리
- ☐ economics 경제

스포츠 sports

- ☐ baseball 야구
- ☐ softball 소프트볼
- ☐ basketball 농구
- ☐ American football 미식축구
- ☐ volleyball 배구
- ☐ handball 핸드볼
- ☐ soccer 축구
- ☐ skiing 스키
- ☐ skating 스케이팅
- ☐ swimming 수영
- ☐ jogging 조깅
- ☐ cycling 사이클링
- ☐ bowling 볼링
- ☐ golf 골프
- ☐ tennis 테니스
- ☐ squash 스쿼시
- ☐ hockey 하키

- ☐ table tennis 탁구
  = ping pong
- ☐ badminton 배드민턴
- ☐ boxing 권투
- ☐ wrestling 레슬링

병의 증상 sickness

- ☐ headache 두통
- ☐ earache 귀아픔
- ☐ toothache 치통
- ☐ stomachache 배탈
- ☐ backache 요통
- ☐ cold 감기 = flu
- ☐ fever 열, 미열
- ☐ cough 기침
- ☐ runny nose 콧물
- ☐ bloody nose 코피
- ☐ sick 멀미, 메스꺼움
- ☐ itchy 가려움
- ☐ sneeze 재채기
- ☐ cut 벤 상처
- ☐ scratch 긁힌 상처
- ☐ burn 화상
- ☐ dizzy 어지러운
- ☐ pain 아픔, 통증

기본 형용사 Basic Adjective

- ☐ tall 키 큰
- ☐ short 키 작은, 짧은
- ☐ thin 여윈, 마른
- ☐ fat 살찐, 뚱뚱한
- ☐ long 긴

- heavy 무거운
- light 가벼운
- thick 두꺼운
- thin 얇은
- strong 강한, 튼튼한
- weak 약한
- large 큰 = big
- small 크기나 체구가 작은
- little 작은, 어린
- high 높은
- low 낮은
- loose 헐렁한
- tight 꼭 끼는
- fast 빠른
- slow 느린
- wide 넓은
- narrow 좁은
- dark 어두운
- light 밝은
- new 새것의
- old 오래된, 나이든
- young 젊은, 어린
- good 좋은
- bad 나쁜
- hot 뜨거운, 너운
- cold 차가운, 추운
- soft 연한, 부드러운
- hard 딱딱한
- easy 쉬운
- difficult 어려운 = hard
- clean 깨끗한
- dirty 더러운

- noisy 시끄러운
- quiet 조용한
- rich 부유한
- poor 가난한
- beautiful 아름다운
- pretty 예쁜
- handsome 잘 생긴
- ugly 추한
- full 가득 찬
- empty 빈
- open 열린
- closed 닫힌
- expensive 값비싼
- cheap 싼
- dry 마른
- wet 젖은
- happy 행복한
- sad 슬픈
- left 왼쪽의
- right 오른쪽의
- awake 깨어있는
- asleep 잠자는
- right 올바른, 맞는
- wrong 틀린
- hungry 배고픈
- full 배부른
- thirsty 목마른
- healthy 건강한
- ill 아픈, 병든
- sick 아픈, 병든, 매스꺼운, 멀미가 나는
- exciting 흥미진진한

- interesting 재미있는, 흥미있는
- bored 지루한
- sleepy 졸린
- tired 피곤한, 지친
- angry 화난 = mad
- surprised 놀란
- worried 걱정하는
- scared 무서운, 두려운 = afraid

■ 기본 동사 Basic Verb

- study 공부하다
- read 읽다
- write 쓰다
- sing 노래하다
- practice 연습하다
- draw 그리다
- paint 색칠하다
- fold 접다
- paste 풀칠하다
- bend 구부리다
- listen 귀 기울여 듣다
- hear 듣다, 들리다
- look 보다
- see 보다, 보이다
- watch 살펴보다
- smell 냄새 맡다
- feel 느끼다
- talk 말하다
- cut 자르다
- say 말하다

- speak 말하다
- repeat 따라하다
- shout 소리치다
- cry 울다
- laugh 웃다
- smile 미소 짓다
- eat 먹다
- drink 마시다
- taste 맛보다
- bite 물다, 물어뜯다
- kiss 입 맞추다
- whistle 휘파람불다
- yawn 하품하다
- blow 불다
- walk 걷다
- run 뛰다
- jump 펄쩍 뛰다
- hop 한발로 깡충 뛰다
- kick 차다
- kneel 무릎 꿇다
- skip 건너뛰다
- pull 당기다
- push 밀다
- put 놓다
- lift 들어올리다
- throw 던지다
- catch 잡다
- hold 잡고 있다
- clap 박수치다
- wave 손 등을 흔들다
- carry 운반하다
- pick up 집어들다

- point 가리키다
- wipe 닦아내다
- wash 씻다
- spill 엎지르다
- pour 붓다
- dig 구멍을 파다
- water 물을 주다
- feed 먹이다
- drive 운전하다
- cook 요리하다
- go 가다
- come 오다
- put on 입다, 착용하다
- take off 벗다
- turn on 켜다
- turn off 끄다
- crawl 기다
- climb 기어오르다
- chase 쫓아가다
- fall 넘어지다
- roll 구르다
- sit 앉다
- stand 일어서다
- swim 수영하다
- dance 춤추다
- sleep 잠자다
- bow 머리 숙여 인사하다
- play 놀다, 연주하다
- break 깨뜨리다
- wait 기다리다
- fight 싸우다
- quarrel 다투다

■ 위치의 전치사 / 부사

- up 위로
- down 아래로
- in front of ~의 앞에
- behind ~의 뒤에
- on ~ 위에
- over (떨어진 상태로) ~위에
- under (떨어진 상태로) ~아래에
- above (over보다 더 떨어진) ~위에
- below (under보다 더 떨어진) ~아래에
- in ~안에
- out ~밖에
- into ~안으로
- out of ~에서 밖으로
- from ~에서부터
- to ~까지
- between (둘) ~사이에
- among (셋 이상의) ~사이에
- across ~을 가로질러
- through ~을 관통하여
- round ~을 돌아, ~주위에
- next to ~바로 옆에
- by ~의 곁에
- beside ~곁에
- near ~가까이에